Josef Rainer

Sy-
ner-
gi-
en

KERBER ART

Impressum

Die Deutsche Nationalbibliothek verzeichnet diese Publikation in der Deutschen Nationalbibliografie; detaillierte bibliografische Daten sind im Internet über http://dnb.dnb.de abrufbar. The Deutsche Nationalbibliothek lists this publication in the Deutsche Nationalbibliografie; detailed bibliographic data are available on the Internet at http://dnb.dnb.de.

Gesamtherstellung und Vertrieb / Printed and published by:
Kerber Verlag, Bielefeld
Windelsbleicher Str. 166–170
33659 Bielefeld
Germany
Tel. +49 (0) 5 21/9 50 08-10
Fax +49 (0) 5 21/9 50 08-88
info@kerberverlag.com

Kerber, US Distribution
ARTBOOK | D.A.P.
75 Broad Street, Suite 630
New York, NY 10004
Tel. +1 (212) 627-1999
Fax +1 (212) 627-9484

Kerber-Publikationen werden weltweit in führenden Buchhandlungen und Museumsshops angeboten (Vertrieb in Europa, Asien, Nord- und Südamerika). / Kerber publications are available in selected bookstores and museum shops worldwide (distributed in Europe, Asia, South and North America).

Herausgeber / Editor
Josef Rainer

Texte / Texts
Paulus Rainer, G.H.H,
Emanuele Guidi, Elena Basteri

Gestaltung / Design
studio typeklang

Projektmanagement / Project management Kerber Verlag
Lydia Fuchs

Herstellung / Production Kerber Verlag
Jens Bartneck

www.josefrainer.net

Alle Rechte, insbesondere das Recht auf Vervielfältigung und Verbreitung sowie Übersetzung, vorbehalten. Kein Teil dieses Werkes darf in irgendeiner Form ohne schriftliche Genehmigung des Verlages reproduziert oder unter Verwendung elektronischer Systeme verarbeitet, vervielfältigt oder verbreitet werden.

All rights reserved. No part of this publication may be reproduced, translated, stored in a retrieval system or transmitted in any form or by any means, electronic, mechanical, photocopying or recording or otherwise, without the prior permission of the publisher.

© 2020 Kerber Verlag, Bielefeld/Berlin, Josef Rainer und Autoren / and authors

ISBN 978-3-7356-0661-7
www.kerberverlag.com

Printed in Germany

Inhaltsverzeichnis

Das Dädalus-Prinzip   6
     Paulus Rainer

Das Dädalus-Prinzip (Eng)   10
     Paulus Rainer

Von Riesen und Zwergen, Minotauren   26
und Affen, Bienen und Waben
     G.H.H.

The Caption Problem   74
(la voce del didascalo)
     Emanuele Guidi, Elena Basteri

Werkverzeichnis   90

Fotonachweis   93

Biografien   94

Das Dädalus-Prinzip

Paulus Rainer

Auf der Piazza Santissima Annunziata in Florenz
machen sich Urlauber gerne einen Spaß daraus, die
Anzahl der Bienen zu zählen, die auf dem Sockel
des Reiterstandbildes Ferdinandos I. de' Medici
prangen. Die Bronzeplatte zeigt eine Imprese des
Großherzogs: Unter dem Motto Maiestate Tantum
(durch Majestät allein) schart sich ein Schwarm Bienen
in fünf konzentrischen Kreisen um die Bienenkönigin.
Die kunstvoll asymmetrische Anordnung der Bienen
erzeugt ein gewisses Flirren und erschwert das
Zählen: der Zählende verliert immer wieder seine
Referenzpunkte und muss von vorne beginnen. Ihm
sei hier geholfen, es sind neunzig Bienen – und eine
Königin. Mit dieser ist natürlich der gütige Herrscher
gemeint, der allein durch seine natürliche Erhabenheit
regiert. In diesem oder ähnlichen Sinne fand die
Biene als Bedeutungs- und Symbolträgerin immer
wieder Eingang in die Kunst. Das Bienenvolk galt als
Musterbeispiel für das Staatsgefüge, die einzelne
Biene als arbeitsam und gerechtigkeitsliebend. Ihr
Einsatz für das Allgemeinwohl konnte als beispielhaft
hervorgehoben werden, ihre Wabenstöcke waren
Zeugnis ihrer Fähigkeit zu geometrischer Ordnung
und Organisation. Daneben wurden aber auch Jähzorn
und Streitsucht mit den Insekten verbunden. All dies
Eigenschaften, die vom menschlichen Wesen auf das

animalische symbolhaft übertragen wurden – also
gleichsam hybrid betrachtet wurden. Hybrid, weil wir bei
der Übertragung menschlicher Eigenschaften auf das
Tier – oder umgekehrt tierischer auf den Menschen – im
Gedanklichen und Symbolischen einen Bereich betreten,
der von Vermischung, Kreuzung und Bündelung der
menschlichen und der animalischen Sphäre bestimmt
ist. Diese Zwischenwelten waren es, die zu vielen
Zeiten Interesse und Phantasie zu wecken wussten
und auch den Manierismus befeuert hatten. Ein – im
wahrsten Sinne – sprechendes Zeugnis ist dabei die
Darstellung in einem vierbändigen Bildmanuskript
von Joris Hoefnagel mit Tierdarstellungen. Den ersten
Band, in dem die Animalia Rationalia et Insecta, also
die vernunftbegabten Tiere und die Insekten dem
Element des Feuers zugeordnet sind, eröffnet eine
Darstellung des „Haarmenschen" Petrus Gonsalvus und
seiner Frau. Gonsalvus, der an Hypertrichose oder dem
„Ambras Syndrom" litt, war zunächst als Affenmensch
an den französischen Hof Heinrichs II. gelangt, wo man
begann, ihn zu erziehen, zu unterrichten und ihn mit
der Tochter eines Hofbediensteten verheiratete. Mit
seinem tierhaften Äußeren, das in höfischer Kleidung
steckt, wandelt er hier auf dem Grat zwischen humaner
und animalischer Welt. Zu seiner Zeit war er als beiden
Welten zugehörig betrachtet worden, also als Hybrid.

Der Meister des Hybriden war aber wohl Dädalus.
Er, der mythologische Künstler und Erfinder, dessen
Skulpturen man für beseelte Geschöpfe hielt, die gehen
und sehen können, schuf für die Gemahlin des Minos
eine künstliche Kuh, in die diese schlüpfen konnte,
um sich mit einem Stier zu vergnügen. „Vermittels
des Kunstwerks von Dädalus mit dem Stier begattet,
gebar Pasiphaë den fabelhaften Minotaurus, ein
Doppelwesen," wie uns Diodor berichtet. Das Kunstwerk
des Dädalus war in diesem Fall also Instrument, um die
Natur zu überlisten und damit zu überwinden. Durch
Dädalus' Kunst betrachtete der Stier das menschliche
Wesen als seinesgleichen, das Ergebnis dieser
Täuschung war ein Hybrid. Als dieser von Theseus
getötet worden war, musste sich Dädalus selbst zum
Hybriden wandeln: Er war vom erzürnten Minos in
das Labyrinth verbannt worden, da er Ariadne jenes
Wollknäuel gegeben hatte, mit dessen Hilfe Theseus
dieses Labyrinth verlassen hatte können. Um seinem
Gefängnis zu entfliehen, formte Dädalus für sich und
seinen Sohn Flügel, mit denen sich die beiden – nun
halb Mensch, halb Vogel – in die Lüfte erhoben. Der
Sohn Ikarus stürzte bekanntlich ins Meer, Dädalus
gelangte aber nach Sizilien, wo er für die Liebesgöttin
Aphrodite einen weiteren Hybriden schuf: eine goldene
Honigwabe, die dermaßen täuschend echt war, dass sie
von den Bienen mit Honig befüllt wurde. Zum Hybriden

wurde diese Wabe freilich erst durch diesen Akt. Dädalus
bediente mit seiner Kunst also verschiedener Formen
des Hybriden: seine Bildhauerkunst hauchte toter
Materie Leben ein, diese war aber noch nicht hybrid.
Seine Nachahmung und Überlistung der Natur ließ
hingegen Mischwesen gebären, sich selbst und seinen
Sohn machte er zum flugfähigen Mischwesen und die
Bienen vervollständigten seine Goldwabe schließlich
ebenso zum Hybriden. Diese Gratwanderung auf der
Klippe zwischen Mensch und Natur mit gelegentlichem
Abdriften auf die eine oder andere Seite kann man hier
als Prinzip des Dädalischen erkennen.

Dieses Prinzip macht sich auch Josef Rainer zunutze,
doch dreht er es um: nicht die Kunst verbessert, täuscht
oder überwindet die Natur, bei ihm soll die Natur seine
Kunst verfeinern. In seinen „Bienen-Arbeiten" hat er
in diesen Tieren Verbündete gefunden, die dies für ihn
übernehmen. Wie Dädalus schuf er eine goldene Wabe,
die ebenso vom Bienenvolk als Lagerstätte für den
Honig anerkannt wurde. Zunächst waren die Bienen aber
damit beschäftig, Unregelmäßigkeiten im Metallguss
zu korrigieren; kleine Divergenzen und Gussfehler
wurden fleißig mit Wachs ausgebessert, bevor dann
die Vorratskammer für den Nachwuchs bezogen
werden konnte. Vorher noch schuf Josef Rainer einen
verkleinerten Totenkopf aus Bronze, der genauso vom
Bienenvolk umbaut wurde. Die Insekten wurden nun zu
Plastikern, die das metallische Skelett mit wächserner
Muskel- und Hautmasse überzogen. Dieses Umbauen
vorgegebener Formen begann eigentlich mit dem Projekt
eines hohlen, gläsernen Gehirns, in das die Bienen –
so die Grundintention des Künstlers – ihre Waben
bauen hätten sollen; sie sollten also dem Inneren des
menschlichen Gehirns ihre Struktur, die man sich wohl
nicht anders als sechseckig vorstellen konnte, verleihen.
Die *natura naturans* der Bienen tastete das Innere
des Gehirns aber nicht an, sondern umbaute es mit
stabilen Waben, also einer schützenden Schädelhülle.
Hier manifestierte sich nun das kreativ schöpferische
Element des gleichförmig arbeitenden Schwarmes,
dem der Künstler Raum und Recht verleiht, dies zu
tun. Er selbst ist eigentlich nur mehr Beobachter des
Entstehenden. Er erhebt sich dadurch in eine Sphäre,
die nicht mehr jene des aktiven Schöpfers ist, sondern
jene, in der lediglich die Initialzündung ausgelöst wird
(*firestarter*). In derselben Ebene war wohl Goethes
Zauberlehrling, der in seiner Hybris dem Machtrausch
unterlag und seine Geister nicht mehr loswurde. Josef
Rainers Geister sind aber von anderer Natur; sie sind
nicht durch Zaubermacht verwandelt wie der Besen
des Lehrlings. Sie sind unverändert und vom Künstler
lediglich eingeladen, sein Kunstwerk zu vollenden.
Und dies machen sie mitunter in einer Art und Weise,

dass sie selbst computergenerierte Architektur alt aussehen lassen, wie etwa in dem dekonstruktivistisch vervollständigten Gebilde Struktur Nr. 1. Hier verbanden die Bienen vorgegebene Wabenbahnen wie in einem Morphing-Prozess, indem sie die Übergänge zwischen diesen Bahnen verbauten. Die von ihnen gebaute Materie ist also wieder in einem Zwischenbereich zwischen Kunst und Natur, in der sich auch viele Werke der manieristischen Kunstkammern bewegen. Ob dies nun der in Gold veredelte Korallenast ist, in dem Kunst und Natur Hand in Hand gehen, die in Naturguss abgeformte Silberzikade oder jenes bekannte Blatt aus dem oben angesprochenen Tierbuch Hoefnagels, auf dem zwei Libellen aus eingeklebten Insektenflügeln und illusionistisch gemalten Körpern gebildet werden – all dies sind hybride Werke aus Naturprodukt und menschlicher Zutat. Zu dieser Familie gehören auch die Hybride Josef Rainers, nur findet die Morphose bei ihm unter anderen Vorzeichen statt: Ausgangspunkt ist bei ihm die menschliche Kunst, die von der Natur nicht nur veredelt, sondern vervollständigt wird. Letztendlich ist aber auch das in diesem Sinn Entstehende ein Geschöpf des Dädalus-Prinzips.

The Daedalus Principle

Paulus Rainer

On Piazza Santissima Annunziata square in Florence, tourists while the hours away by counting the number of bees buzzing around the socle of the equestrian statue of Ferdinando I de' Medici. The bronze slab depicts a maxim by the grand duke: below maiestate tantum (by majesty alone) a swarm of bees circles the queen bee in five concentric circles. The artistic asymmetrical order of the bees creates a shimmering effect and impairs counting: onlookers tend to lose their point of reference and have to start from scratch. We'll swoop in right now and give them a helping hand: there are ninety bees and one queen bee. The latter certainly symbolises the kind ruler who rules over the city by means of his natural grandeur.

Bees have always flitted in works of art as symbolic vessels: swarms were used as an example to represent a society's structure, and individual bees were considered laborious and just. Their commitment to work for the common good was exemplary and their honeycombs were proof of their organised and orderly, if somewhat geometrical, mind. However, the insects were also linked to outbursts of anger and contentiousness. The abovementioned traits were all transposed, symbolically of course, from human beings onto animals—they were considered hybrids. Hybrids because when shifting human traits onto animals, or vice versa, we enter a symbolic domain ruled by mixing, crossing, and uniting the human and animal kingdoms. These limbos knew how to stir the interest of people and beguile their creativity throughout the ages, and even influenced the Mannerism movement. Take the speaking witnesses represented in the four-volume picture manuscript by Joris Hoefnagel depicting animals. Volume I is the Animalia Rationalia et Insecta, where animals and insects are gifted with reason and assigned to the elemental force of fire; the tome reveals a representation of Petrus Gonsalvus, a 'Haarmenschen' (a particularly hirsute man) and his wife. Gonsalvus suffered from hypertrichosis (also called Ambras syndrome), and was 'welcomed' to the French Court of Henry II as an 'ape man'. He was schooled, brought up, and married to the daughter of a Court worker. With his animal-like looks stuffed into court livery, he walks the line between the human and animal kingdom. Back then he would have been considered a member of both worlds, therefore a hybrid. However, Daedalus himself was a master of hybrids.

The mythological artist and inventor whose sculptures were considered constructs imbued with a soul, which could walk and see, created an artificial cow for the wife of King Minos: she used the vessel to beget the son of a bull. 'And by means of the ingenuity of Daedalus Pasiphaê had intercourse with the bull and gave birth to the Minotaur, famed in the myth. This creature, they say, was of double form [...]' recounts Diodor.

Daedalus' construct was used to overcome nature: thanks to his creation, the bull considered the king's wife as one of its own. The result of this deception was the creation of a hybrid. When Theseus killed the creature, Daedalus had to turn into a hybrid: he had been banned by the incensed King Minos to the Labyrinth, as the inventor had given Ariadne a wool spool which helped Theseus escape from the maze. To flee from his prison, Daedalus created wings for his son and himself with which both—now half man, half bird—soared into the skies. As we all know, his son Icarus plunged into the ocean, while Daedalus made it to Sicily where he created another hybrid for the goddess of love, Aphrodite: a golden honey comb, which was so similar to a real one that it was filled with honey by bees. However, it only became an actual hybrid through the aforementioned task. Daedalus created different types of hybridisation thanks to his art: his sculpting breathed life into inanimate objects, although this didn't automatically make them hybrids.

His imitation of nature as well as his tampering created mixed beings, and he turned himself and his son into a hybrid, and the bees transformed his golden honeycomb into a hybrid. This balancing act on the cusp between man and nature with occasional preference from one side to the other is what we could call the Daedalus principle. Josef Rainer exploits this principle, yet he turns it on its head: art doesn't improve, swap or overcome nature, rather nature refines his art. In his Bienenarbeiten he has found a kindred soul in these animals, for they complement his work. Just like Daedalus, he's created a golden honeycomb which was recognised by a swarm of bees as an ideal storage unit. However, at first, the bees busied themselves by smoothing out irregularities in the metal mould; small irregularities and errors when the mould was cast were improved diligently with wax until the storage unit could be occupied to give

birth to the larvae. Before, Josef Rainer had created a small-sized version of a bronze skull which was modified in the same way by the bee swarm. The insects became sculptors, covering the metal skeleton with wax muscles and skin. Modifying existing forms all started with a project of a whole, glass brain, where the bees—that was the main aim of the artist in the first place—should have built their own honeycomb; their task would have been to turn the inner structure of the human brain into a hexagon, the only shape they could imagine. The natura naturans of bees didn't touch the interior of the brain, rather modified it with stable honeycombs, thus becoming a protective cover for the skull. This is where the creative nature of the uniform working swarm came to light, as the artist gave them the space and opportunity to do so. He's a mere observer of the act of creation.

He elevates himself into a sphere which differs from that of an active creator, shifting into a world where he becomes a fire starter, a person causing the first spark. Goethe's The Sorcerer's Apprentice fits in that same narrative: a person who fell prey to the intoxication of power due to his hubris and couldn't rid himself any longer of his ghosts. The ghosts of Josef Rainer possess another nature. They're not changed by magic like the mops of the apprentice, rather they remain unchanged and are merely invited by the artist to complete his work. And, from time to time, they do so in a way that make computer animated architecture seem old-fashioned (take the deconstructed completed painting of structure no.1). The bees unite the existing honeycomb tracks by using a morphing process, by building passages between these tracks. The material they build is once again set in a limbo between art and nature, reminiscent of many a cabinet of curiosity from Mannerism. Be it the coral branch covered in gold, where nature and art go hand in hand, the silver cicada or any of the folios from Hoefnagel's abovementioned books, where two dragonflies are built using glued together insect wings and illusory bodies, what matters is that all these are hybrid works between nature and the work of man. The hybrids by Josef Rainer also belong to this group, even though his metamorphoses occur in other ways: the starting point is human art, which is not only refined by nature, but also completed by it. Ultimately, even this creation is a creature of the Daedalus principle.

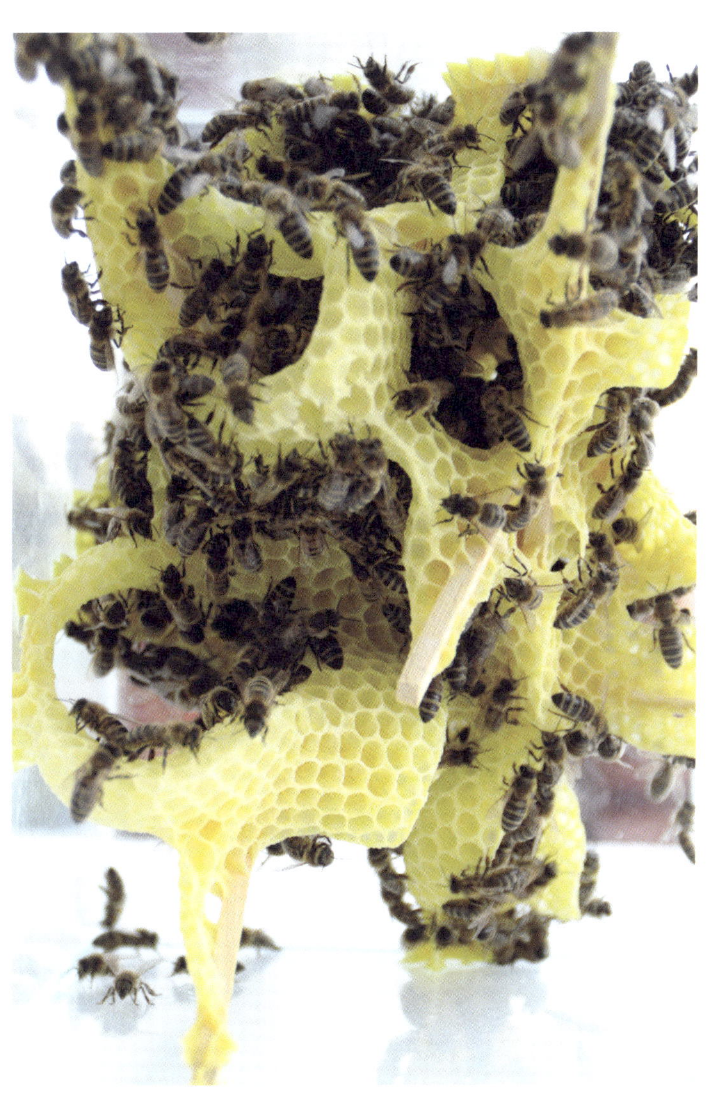

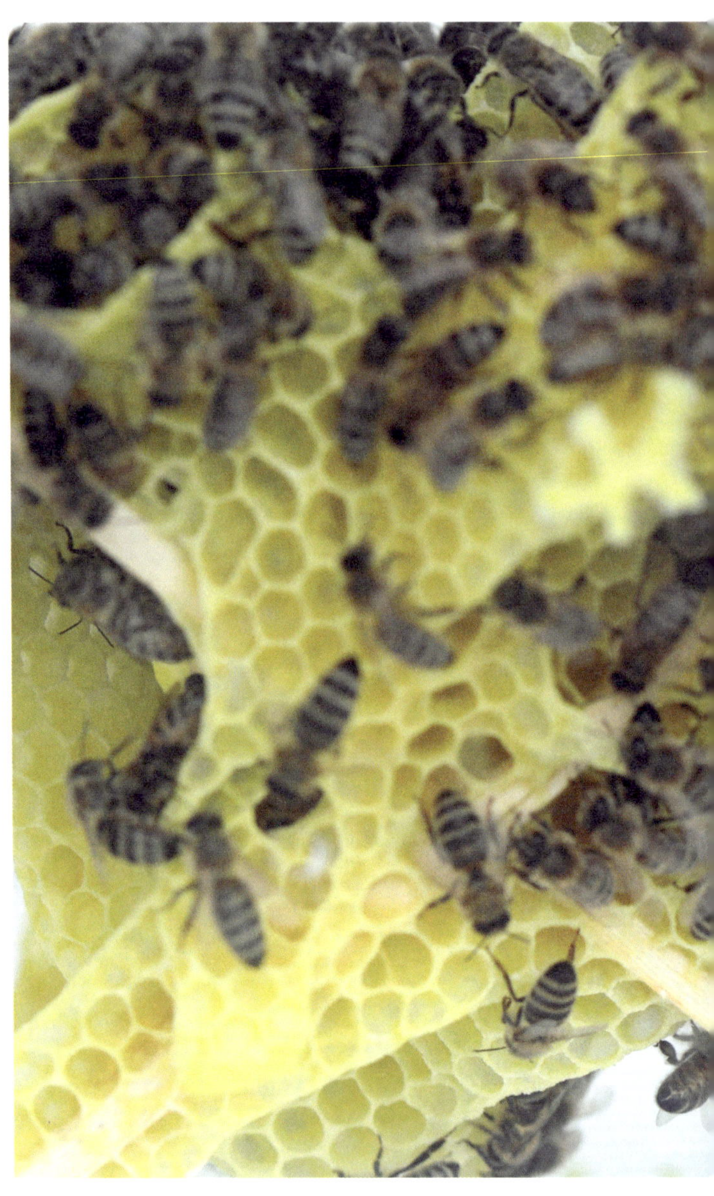

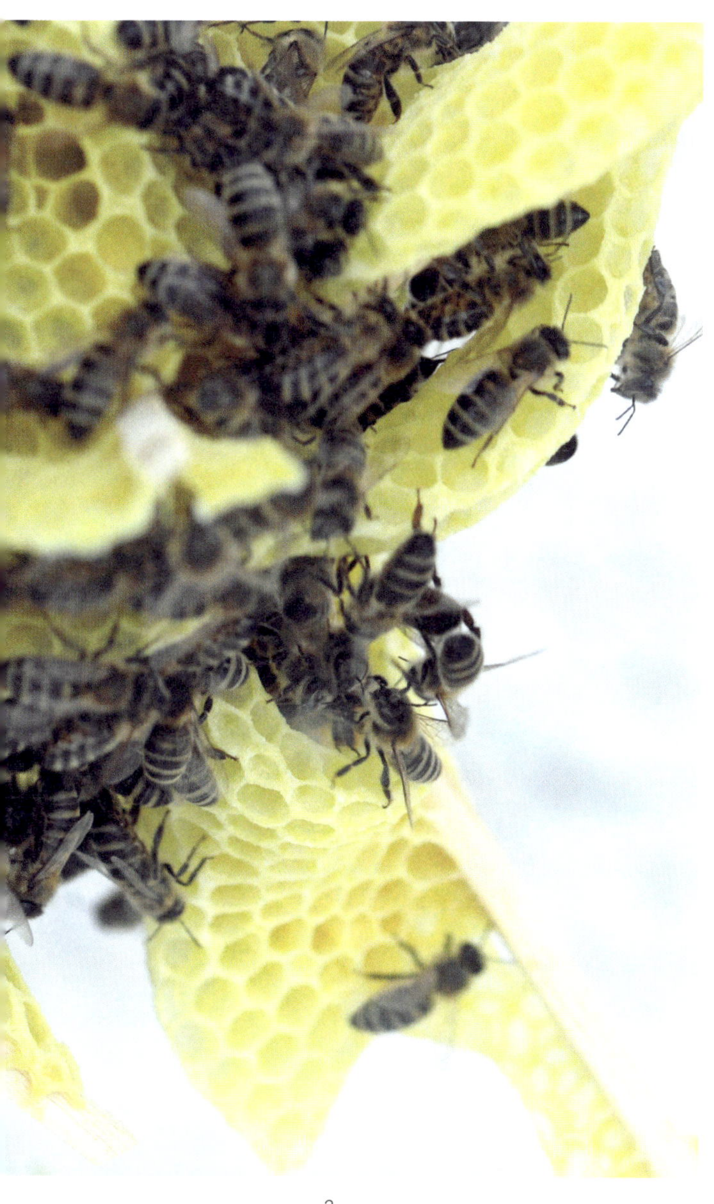

2

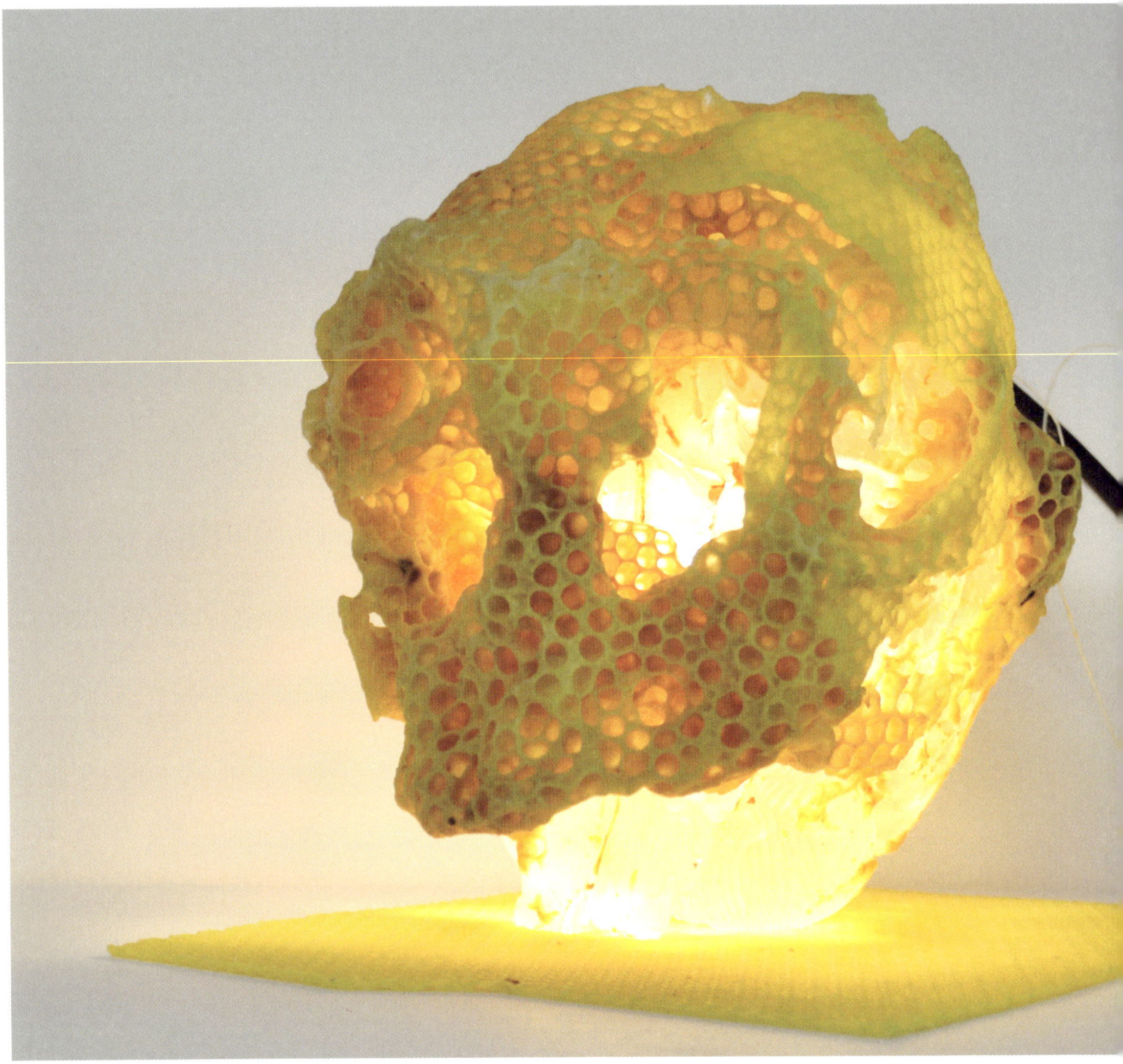

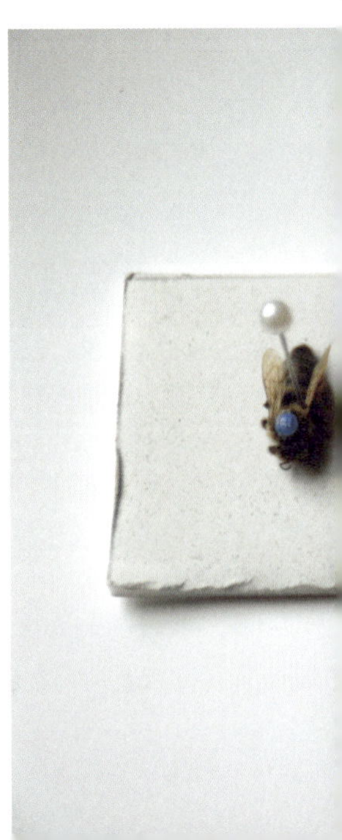

3

16

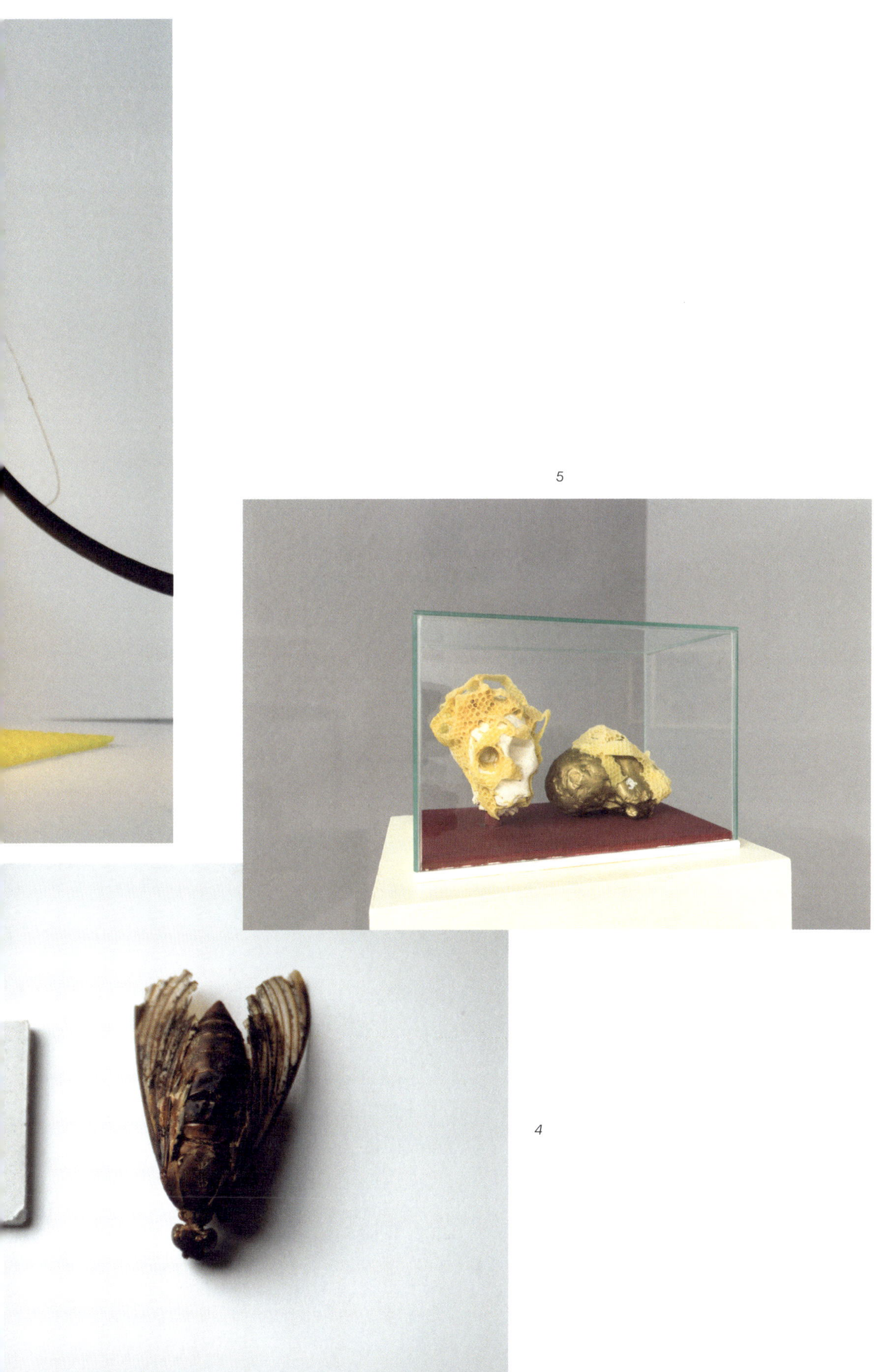

5

4

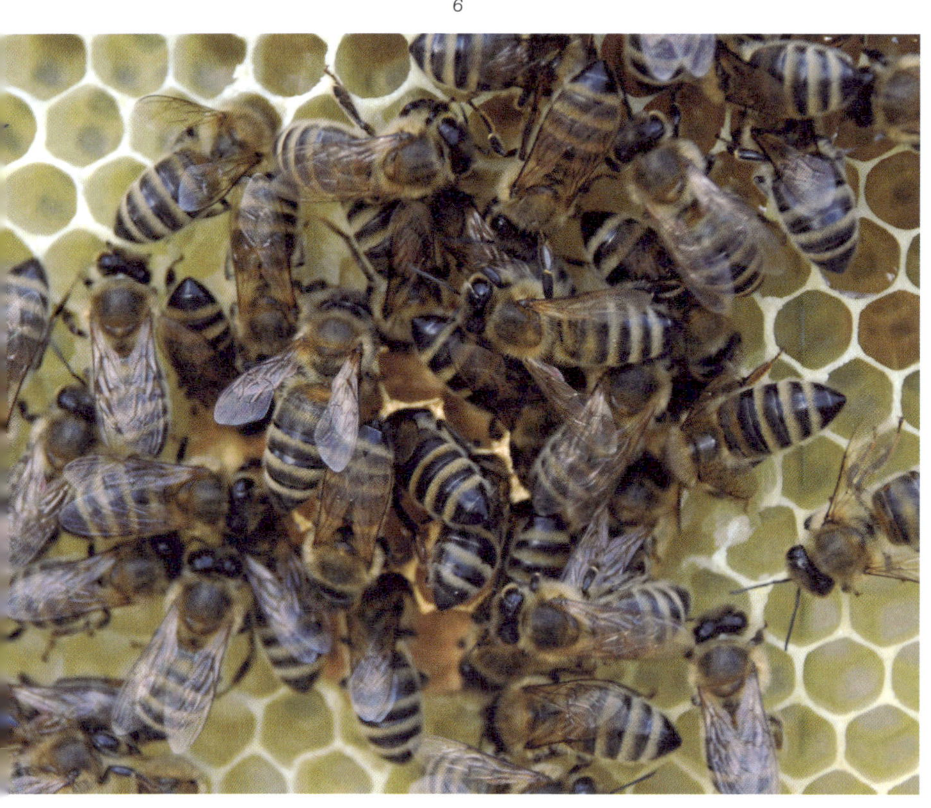

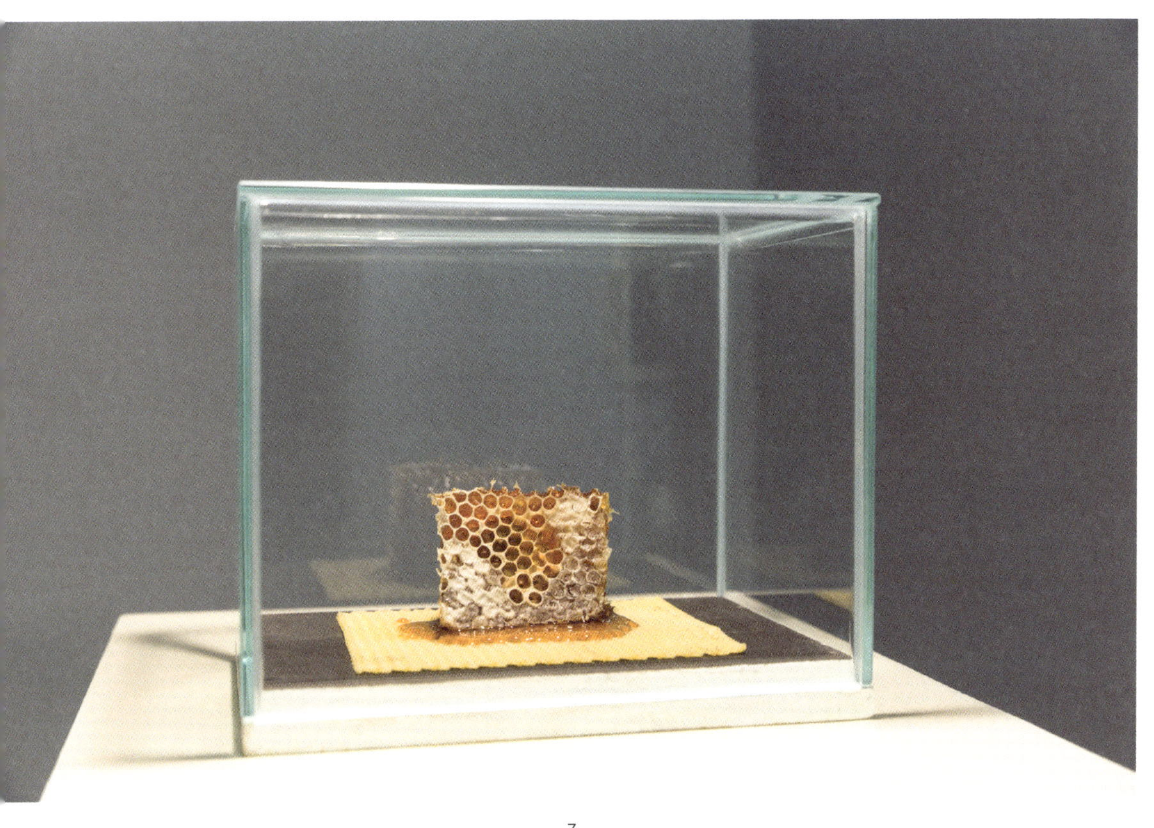

7

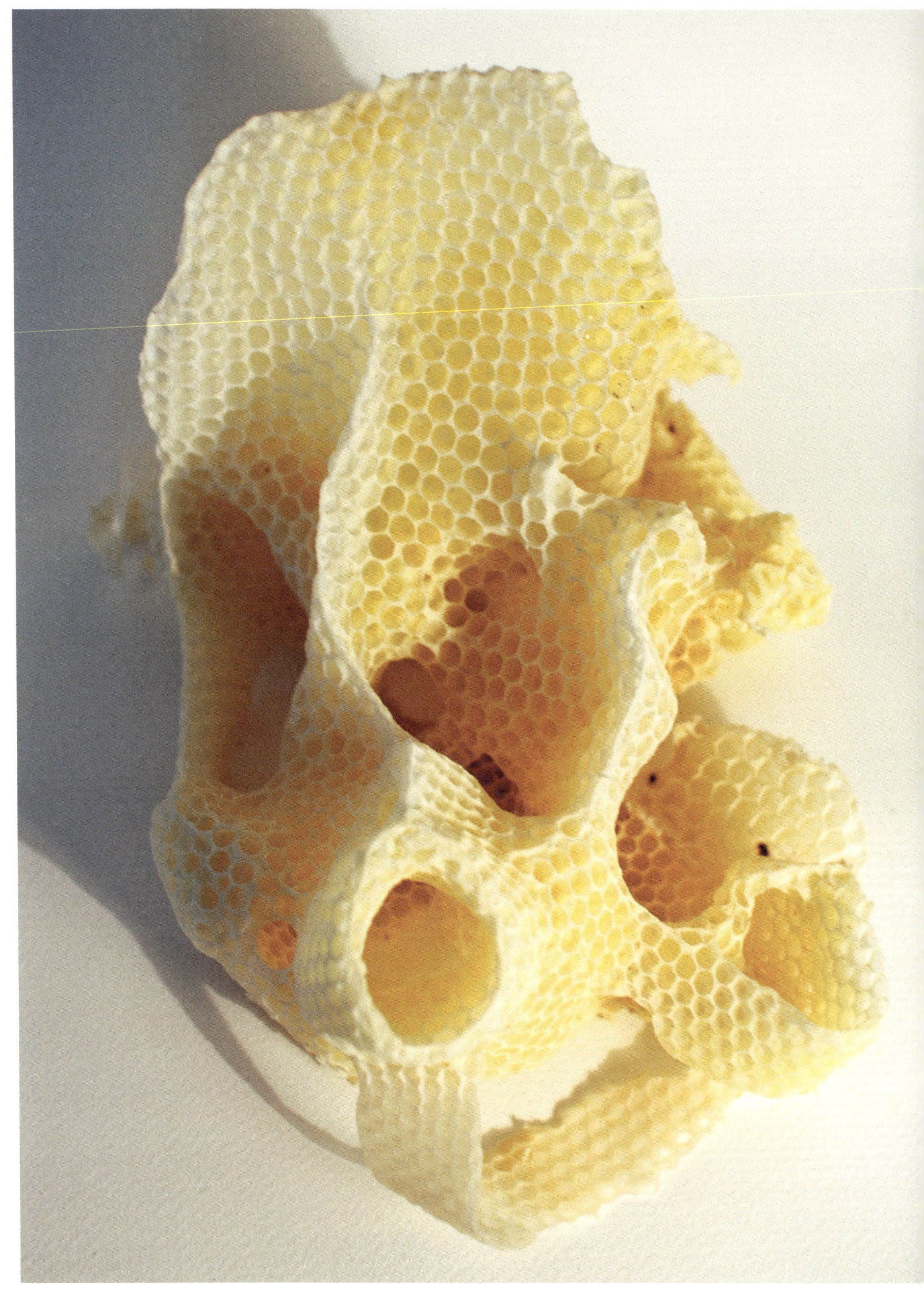

8

9

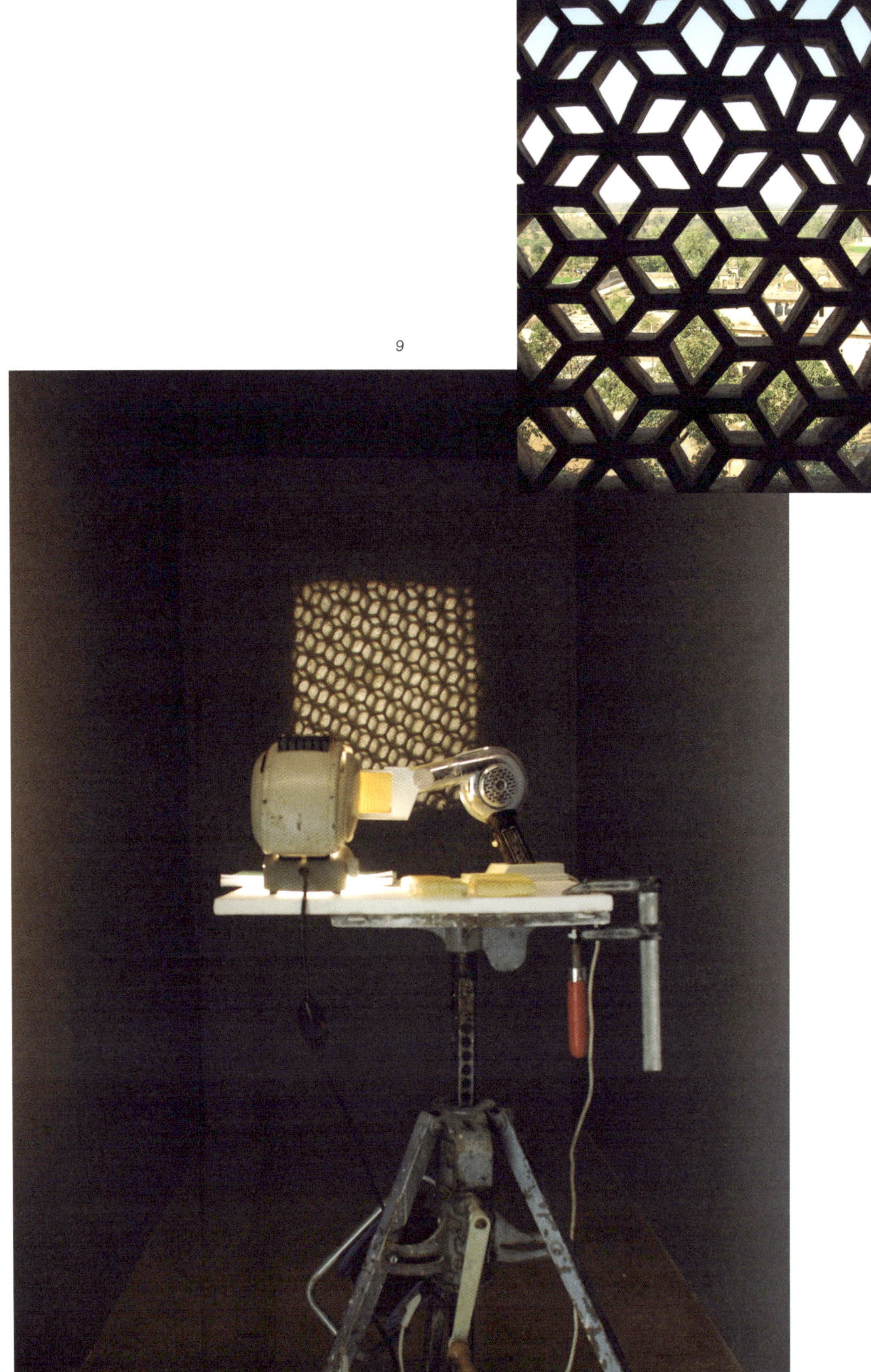

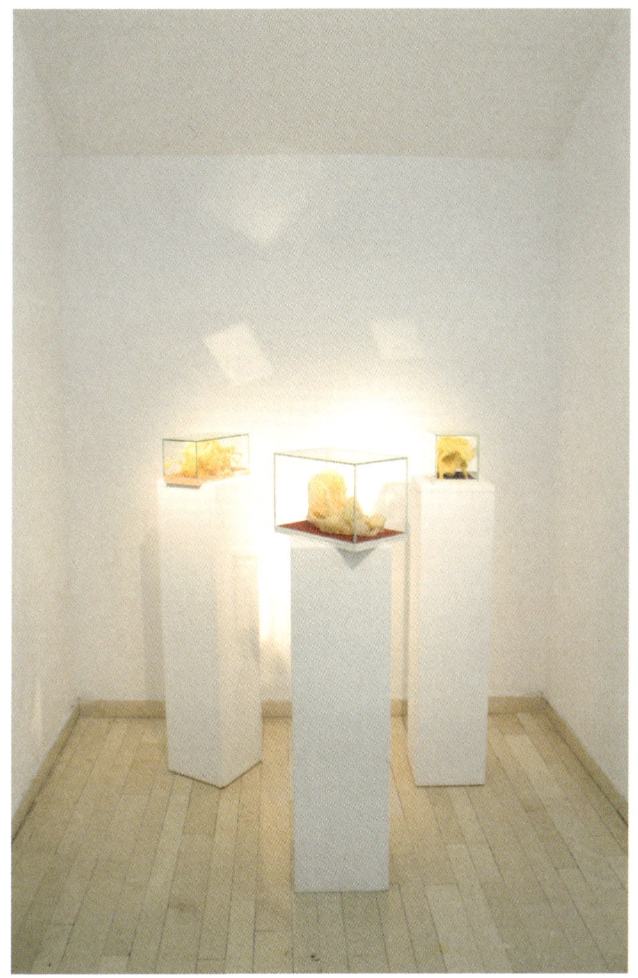

10

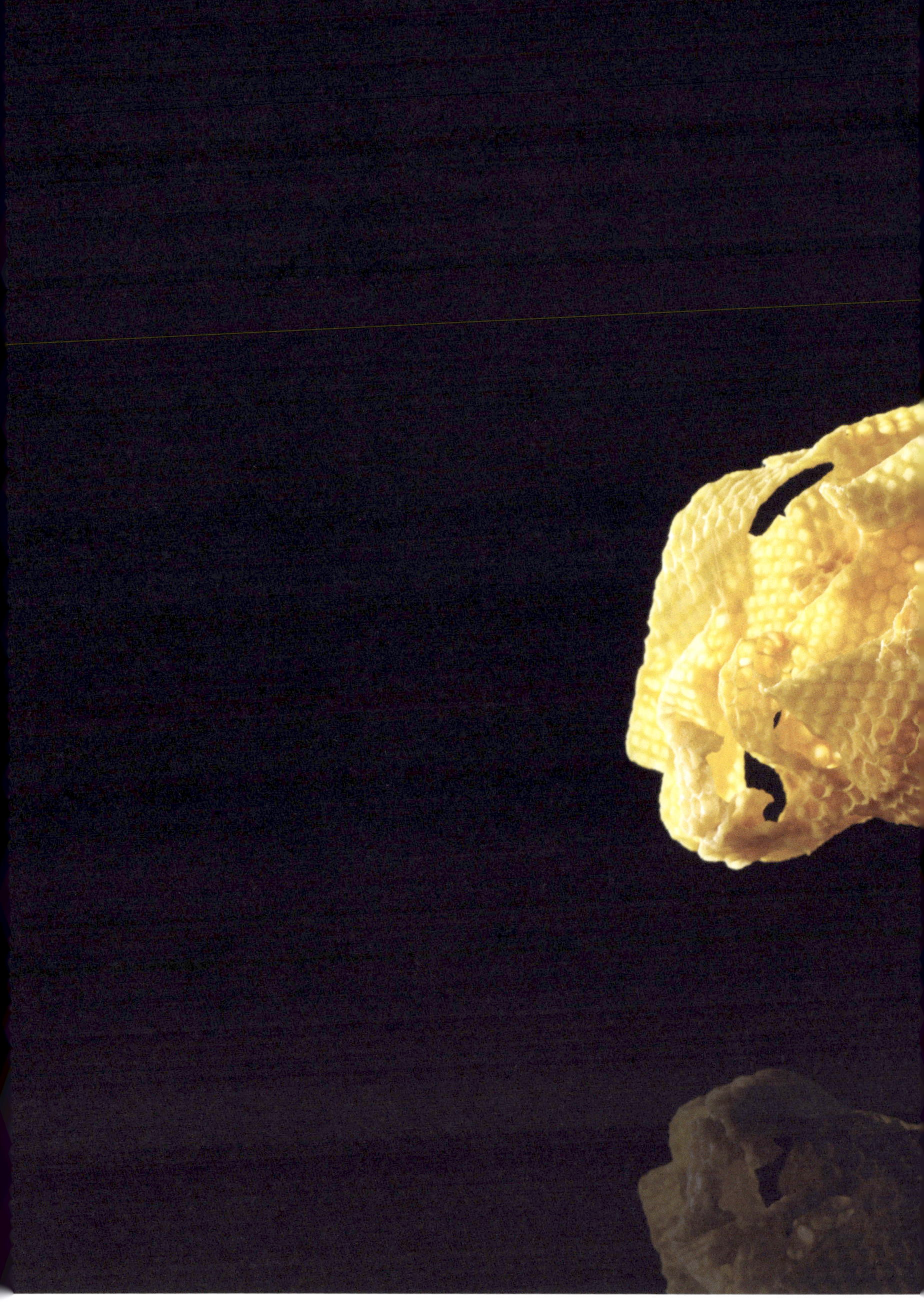

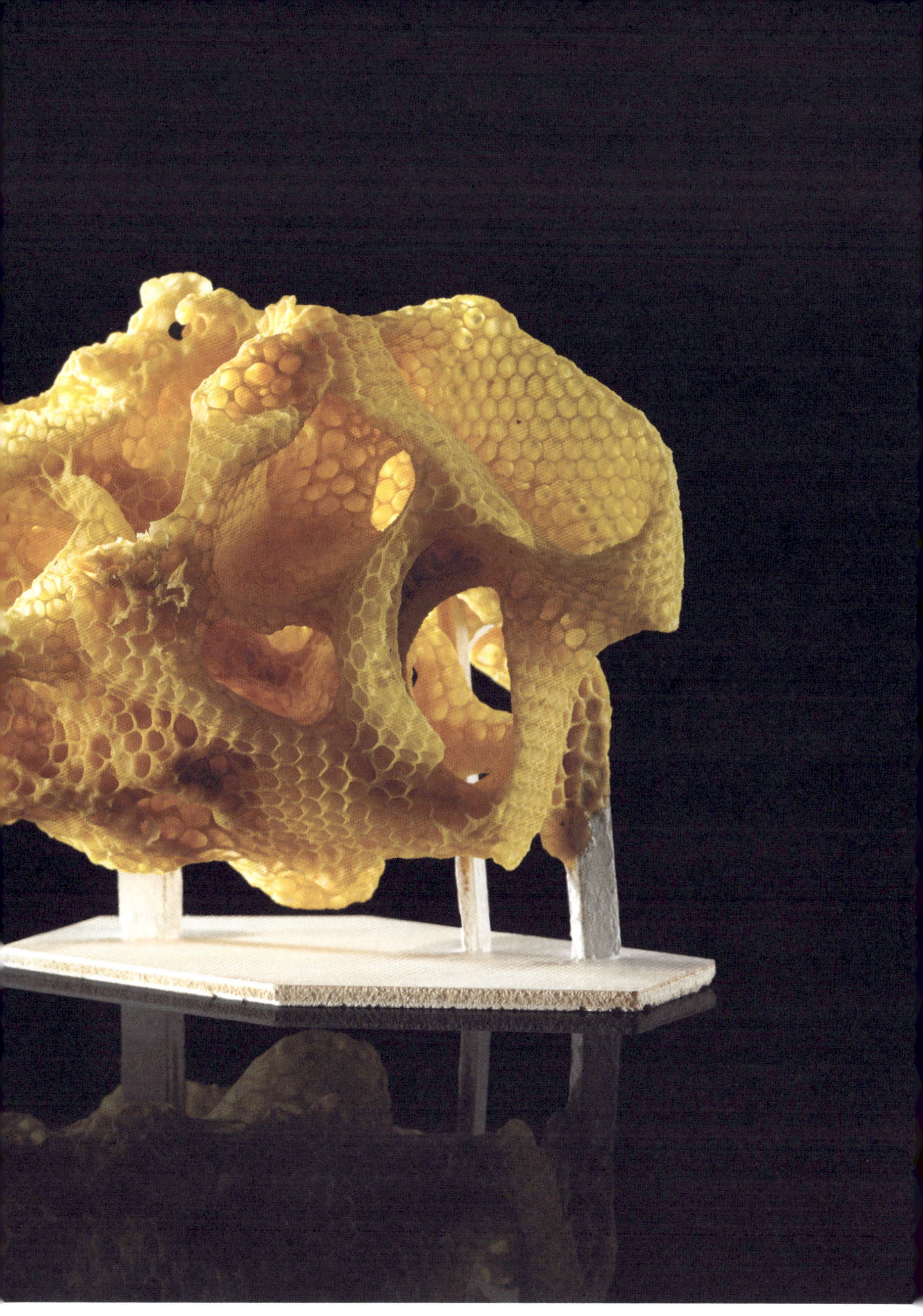

Von Riesen und Zwergen, Minotauren und Affen, Bienen und Waben

G.H.H.

Immer wollt ich eine *Ape* haben. Seit ich zum ersten
Mal in Italien war, zog mich nicht die Vespa an, sondern
dieser dreirädrige Kastenwagen mit dem winzigen
Führerhaus, der das mühelose Wegtragen eines viel zu
großen Gepäcks versprach. Sein Verhalten ähnelt dem
der Vespa, von der er abstammt, nicht dem des Urbilds
eines Lastendreirads, des Goliaths, den ich nur einmal
im Leben leibhaftig sah, an der Steinlach in Tübingen, als
lebendes Fossil. Das war vor einem halben Jahrhundert
und bleibt wegen des blanken Erstaunens im Gedächtnis,
mit dem ich damals die grüne Saurierschnauze eines
evolutionären Versehens betrachtete. Vielleicht ging ich
noch an der Hand meiner Mutter. So lange ist das also her.
Jetzt gehen wir auch Hand in Hand, weil sie sich auf mich
stützt. In einer *Ape* hätten wir zusammen keinen Platz.

Ape, die Biene, *Vespa*, die Urwespe, *Piaggio*, der Schöpfer,
dessen Name, härter ausgesprochen, *ich gefalle*
bedeutet. Ein italienisches Wortfeld also, in dem frech der
englische *Ape* herumturnt, sich hinter den Steuerknüppel
schwingt, ungerührt von Zurufen, *haltet ihn! pass doch
auf!* Der Affe in der *Ape*, der Ape und die Biene, so
verbindet sich zu einem Bild, was, ganz unterschiedlich
groß, in der Sprache zusammentriftet. Groß und klein,
klein und groß, alles ist nur eine Frage der Perspektive.
So ist die Biene ein kleines Dreirad, in dem der Affe
größer wirkt, als er ist, in dem aber vor allem jeder zum
Affen wird, der sich ins Führerhaus zwängt. Auf dieses
Erstaunen umstehender Menschen habe ich mich immer
gefreut, wenn es mit affenartigem Geschick doch gelingt,
sich da hineinzufalten und dann, auf schmalen Straßen
und weiten Plätzen, in geschwindem Übermut das Auf
und Ab des unberechenbaren Geländes zu überwinden
und manchmal ein Stück weit zu fliegen. Denn das hat
die *Ape*, wenn sie leicht beladen ist, von der Vespa,
ihrer kleineren, keinen Honig heimtragenden Schwester,
dass in ihr der Affe im Fahrer allzeit glücklich wird. Den
Affen, den unbelehrbaren, bewahren die bescheidenen
Möglichkeiten seiner Biene vor übermäßigen Verstößen
gegen die Straßenverkehrsordnung, weil sie nur mehr
tragen kann, als ihr eigentlich zuzumuten ist. Eigentlich
ist sie also ein Esel. Vom Goliath dagegen erwartet jeder,
riesige Lasten zu ertragen, dann aber fällt er, was öfter
passiert ist, plötzlich um, unweigerlich, das sagt schon
sein Name. Der *Ape* passiert das nicht, die ist zu klein,
um gefährlich zu stürzen, jedenfalls glaube ich das fest.

Damit haben wir schon eine Geschichte erzählt, in
der alle Figuren erscheinen, mit denen Josef Rainer
sich spielerisch auseinandersetzt, groß und klein,
Kindheit und Erwachsensein. Sich lesend zu bilden wie
die Affen, die den Grafen von Monte Christo oder die
Metamorphosen vor sich haben (genau die!), Dante
oder die Forschungen eines Hundes (eben!), Gebilde

zu erzeugen, die aus fleißigen Lesefehlern entstehen,
gehört zu seiner Spielanordnung. Ihren heimlich
fortentwickelten Regeln folgt er mit der Ernsthaftigkeit
von Kindern, die beim Spiel Regeln finden, um sie
jederzeit wieder umzustoßen, wenn die Anderen nicht
darauf passen oder es schon bemerken, aber so tun,
als ob.

Als Schiedsrichter auf hohem Stuhl balanciert
lebensgroß, auf einem Tischgerüst, der Lehrer mit der
Schreibmaschine und dem Manuskript, das aus der
Walze emporquillt. Der Lehrer oder doch der Dichter
oder doch ein Lehrer. Ein leerer Stuhl steht seinem
hohen gegenüber, auf dem sie platznehmen dürfen,
Schüler oder Zuhörer oder Leser, wenn sie sich in
aller Öffentlichkeit dazu getrauen. Der leere Stuhl
steht ein wenig weggerückt, dahin schaut der hoch
Geehrte mit bronzenem, ursprünglich gipsernem Blick
und denkt. An Schüler. An Leser. An Kritiker nicht oder
nur mit vorweggenommenem Ärger ... *jetzt mueßte
der kirschbaum bluehen ... verrueckt will ich werden
& bleiben ... eine zahme kraehe moecht ich Dir sein ...
herrenlos brennt die Sonne ... meine floete trinkt musik ...
der mensch hat immer schon geschrien ...* der Zufall der
Bibliographie reiht die Sätze aneinander, die den hohen
Stuhl und den Blick des Dichters und die überquellende
Schreibmaschine beglaubigen. Den Affen gibt sie
Lesefutter. Erst noch ungebildet, verwandelt sich das
Gegenüber des Dichters vom Affen zum Leser.

Norbert Conrad Kaser.

Gestorben 1978 in Bruneck, geboren 1947 in Brixen,
Lehrer auf Dörfern, wo er als Sonderling unterkam, ehe
Josef und Paulus zur Schule gingen. Ein Dorfschullehrer
mit Schreibmaschine. Einer *Olivetti* natürlich. Eine *Ape*
heißt auch nicht Dreirad, sie ist dreirädrig, das schon,
aber so, wie eine *Olivetti* selbst schon inspiriert war, hat
die *Ape* ihren eigenen Willen.

Dinge leben auch.

Was ist lebendiger, die Biene oder die Wabe? Eben. Das
lässt sich nicht entscheiden. Vielleicht ist die Wabe
schon totes Material und die Biene nicht tot, aber die
Wabe wächst und die Biene eigentlich schon nicht
mehr, wenn sie Wachs bearbeitend Waben baut und
summt. Das Summen ist ganz wichtig. Denn Kinderlieder
schreiben kann nur, wer summen mag. Damit fing das
Schreiben an. Später kamen die Anschläge der *Olivetti*
oder der *Olympus* oder wie die mechanischen Geräte
hießen, die es dem Dichter leichter machten, die eigene
Handschrift zu verleugnen und seine Sprache zugleich
von jeder Angleichung zu entfremden.

Im Schriftbild seiner Texte zeigt der Dichter, ob er einen
eigenen Kopf hat und wenn ja, welchen. Einen Rindskopf
zum Beispiel. Rinder sind die anderen Bewohner des
Dorfes, zahlreicher als die Menschen dort, also steht der
Rindskopf dem Dichter, der zu möglichst vielen sprechen
mag, auch auf die Gefahr hin, dass ihn die Bauern für ein
Rindvieh halten.

Auf dem breiten Rand einer Schale oder eines tiefen
Tellers sitzt der so da und redet mit einem blonden,
womöglich weiblichen Gegenüber. Minotaurus. Ein
lesender Affe sitzt wem gegenüber, Adam? Die Schale
wird zum Hut, eine Schlange ringelt sich daraus empor,
ein Clown versinkt in der Krempe, drüben ragen die Füße
heraus. Allein balanciert er auf dem Tellerrand. Ein Lehrer,
wendet er sich bloß an die Köpfe von Schülern.

Aus diesem bemalten und glasierten Tongeschirr ließe
sich frühstücken. Löffelnd legte das Kind den Grund der
Schale frei, kratzte über Grund und Rand und versuchte,
den letzten Rest Haferflocken von der Glasur zu lösen,
für seine lüstende Zunge unerreichbar. Dem Affen
gelänge es, das Geschirr ganz auszulecken. Seine Zunge
ist lang. Wie lang ist seine Zunge? Sehr lang, glaube
ich. Die Figuren am Tellerrand führen ein gesprächiges
Dasein. In ihrer Welt, die sie nicht zu verlassen brauchen,
sind sie sich selber Riesen. Draußen wären sie Zwerge.

Der Affe, wenn er lesen gelernt hat, sieht aus wie
Darwin. Dessen Lippen sind nachdenklich verschlossen,
während der Affe redet. In einem Kopf sind sie einander
verbunden. Janusköpfig ist das, aber wer blickt zurück,
wer nach vorn? Vielleicht gehört die Zukunft dem
gelehrigen, dozierenden Affen, die Vergangenheit dem
Forscher, der alle Einsicht aus ihr und nicht aus dem
Unerfahrenen bezieht. Diese doppelgesichtige Büste
aus Gips, mit blauem Hemd und farbigen Augen könnte
in Bronze vollendet werden. Eine Form würde dann
hergestellt und mit Bienenwachs ausgegossen, mit
kleinen Gusskanälen, die der flüssigen Bronze den Weg
weisen und sie gerecht verteilen, innen gäbe es einen
Kern aus Ton, der nach dem Guss, wenn das Wachs
verdampft und die Bronze erstarrt ist, ausgeschlagen
werden kann. Das hat die Gipsbüste immer vor sich.
Auch die Bronze ließe sich bemalen, falls das noch
nötig wäre. Das nennt sich Wachsausschmelzverfahren.
Mit dem Wachs kommen wieder die Bienen ins Spiel,
ohne die ein Bronzeguss nicht denkbar ist. In ihren
Waben verbergen sich Reiterstandbilder und Bathsebas
im Bade, alles eben, was sonst aus Stein oder Holz
gehauen werden müsste, vom Künstler, der Imker sein
oder wenigstens einen Imker wissen muss, der ihm zu
Feuer und Metallfluss reines Bienenwachs liefert. Imker
und Künstler, das wäre ein anderer Januskopf, der Imker

29

als Affe oder der Affe als Imker und Darwin als Künstler,
der den Stoff des Lebens ausspinnt. Auch umgekehrt
lassen die Rollen sich zuordnen. Vieles erweist sich bei
näherem Hinsehen als janusköpfig, das einen einzelnen
Kopf zu haben scheint, ob Evolution oder Inspiration,
Schöpfung und Entwicklung. Beides verkörpert sich hier.

Wer ist lebendiger, die Zwerge vorn oder die
verschwommenen Riesen im Hintergrund doku-
mentarischer Photographien aus dem Leben seiner
Spielfiguren? Josef Rainer stellt sie mitten ins Leben als
Beobachter, Spaziergänger, Gefangene, Mitspieler hinein,
immer bedroht von Riesenfüßen und Riesenkörpern,
unter denen sie sich ungerührt bewegen, wie andere
Kleinlebewesen auch, die in Furcht erstarren müssten,
wären sie sich der Riesen in ihrer Umgebung stets
bewusst. Sie haben ihr Liebes-, Arbeits-, ein Nachtleben,
sie spielen und erinnern uns daran, was das Spiel einmal
war. Denn alle waren wir einmal klein und sind es immer
noch, sobald wir Fußgänger bleiben oder allenfalls eine
Ape oder eine Vespa lenken und der Bedrohung durch
deutsche Lenkwaffen, Autos, zu entgehen suchen, deren
geheimer Zweck es ist, Fußgänger langsam, aber sicher
auszurotten.

Josef Rainers Liliputaner gehen zu Fuß. Kinder gibt es
unter ihnen auch. Sie wissen Hand in Hand zu gehen.
Manche sind Arbeiterdenkmäler, die Arbeit verkörpern,
ohne einen Handschlag zu tun. Menschen also. Manche
spielen Büchsenfußball. Alles nicht wie, sondern mehr als
das wahre Leben. Ach. So.

Das Kleine kann auch deshalb klein erscheinen, weil
es sehr weit weg und in Wirklichkeit, aber was heißt da
Wirklichkeit? riesengroß ist. Riesengroß wie ferne Sterne,
die als blitzende Punkte den Nachthimmel durchlöchern
oder sie, verhältnismäßig klein, als Planeten umkreisen.
Viel kleiner als sie ist der Kopf des Astronomen, der ihre
Größe zu ermessen fähig ist. An seiner Büste, die aus
Metall gehämmert eher als gegossen scheint, stecken
sechs Kugeln oder Planeten, die es erlauben, Augen,
Zunge, Hals, Kopf zu bewegen. *Tycho Brahe*. Er irrte auf
eine grandiose Weise und sah die Planeten um die Sonne
und diese wieder um die Erde kreisen, wenn ich mich
jetzt nicht irre. Sternbilder verbergen sich in seinem Kopf,
mögliche und unmögliche.

Liliputaner gehen im Umriss eines solchen Sternbilds
spazieren, umarmen sich, lesen Zeitung. Einen
Freizeitsternbildschatten wirft das schlank überlängte
Standbild einer Frau aus Gips, mit rotgefärbten Lippen,
nackt und nur mit einem Morgenmantel behangen. Ein
Staatskörper? Europa? Ein Sternbild, in dem wir zu leben
hoffen, in dem es eine Freizeit gibt, in der wir lieben und

tun können, was anderen nicht schadet, anders als dort,
wo Freizeit der Unterdrückung derer dient, die keine
haben. Josef Rainers Liliputaner denken nicht daran,
dem Schatten der Riesin Fesseln anzulegen. Sicher trägt
sie den Namen Gulliver. Das klingt nach Möwen und
offenem Meer. Europa Gulliver. Das Meer gibt dem Land
seine Form. Das Meer umgibt Europa auch dort, wo gar
keines ist. Um den Schatten, in dem die Liliputaner leben,
erstreckt sich ein unbetretbares Gebiet, wo es mit
dem Tod zugeht. Zum Glück sind sie nicht lebendig. Sie
sind tot wie die Waben tot sind, die immer noch wachsen,
je nachdem, was die gerade lebenden Bienen antreibt.
Die Wabe kann tatsächlich als *Staatskörper* gelten,
gestaltet als Arbeit, nicht als Gefäß der überschüssigen,
sondern der völlig verwerteten Zeit also, die nicht zur
Freizeit und im Zeitunglesen oder Spazierengehen
verfliegt.

Natürlich ist das keine Kunstkritik. Was die Kunst als
verlorene Form hergibt, gieße ich aus, ohne Anspruch auf
eigenes zu erheben, was der Dichter immer nur dann tut,
wenn er gar keiner war. Das Eigene findet sich im Umgang
mit dem Anderen. Es gehört den Lesern, so wie die Kunst
allen gehört, die vertraulich mit ihr umgehen.

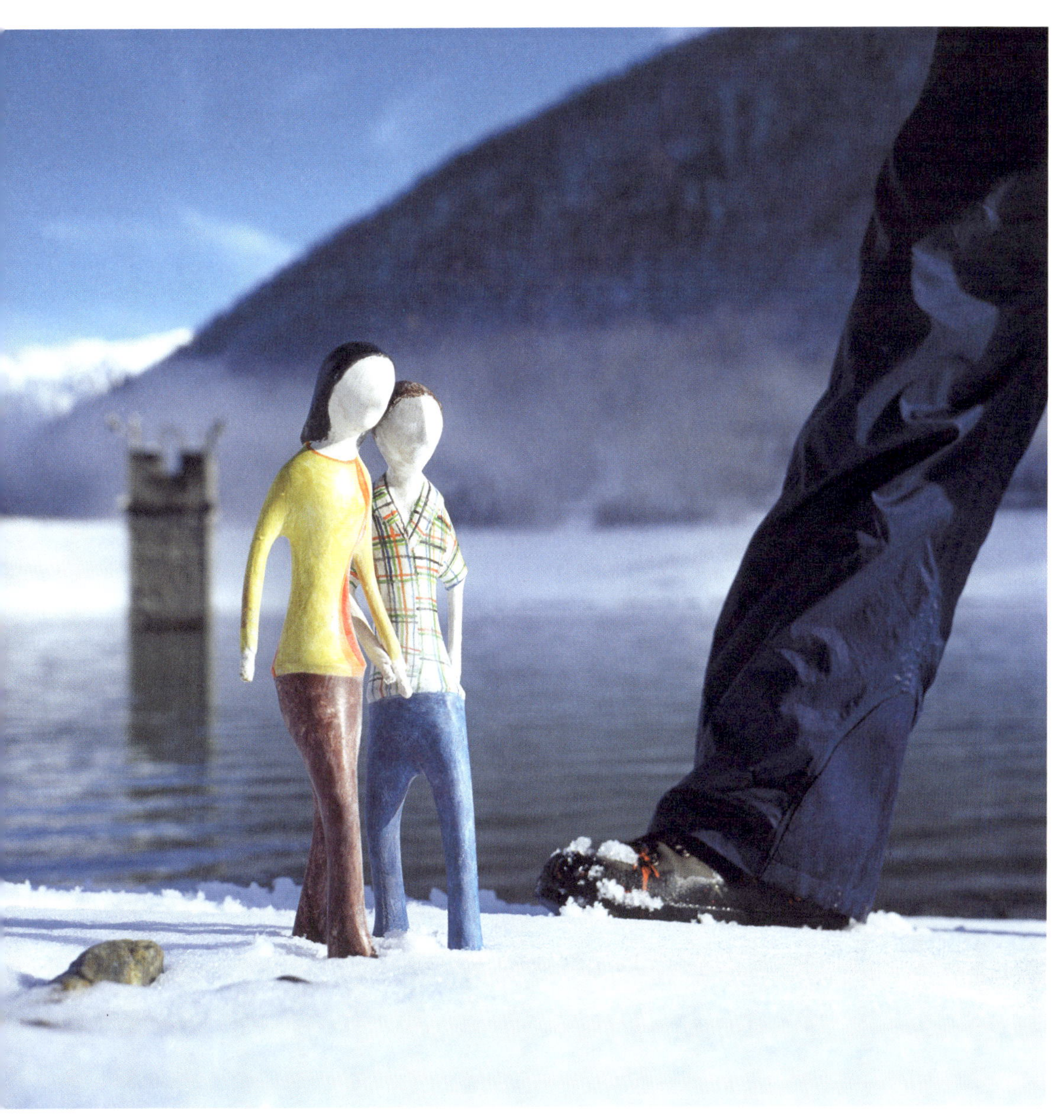

12

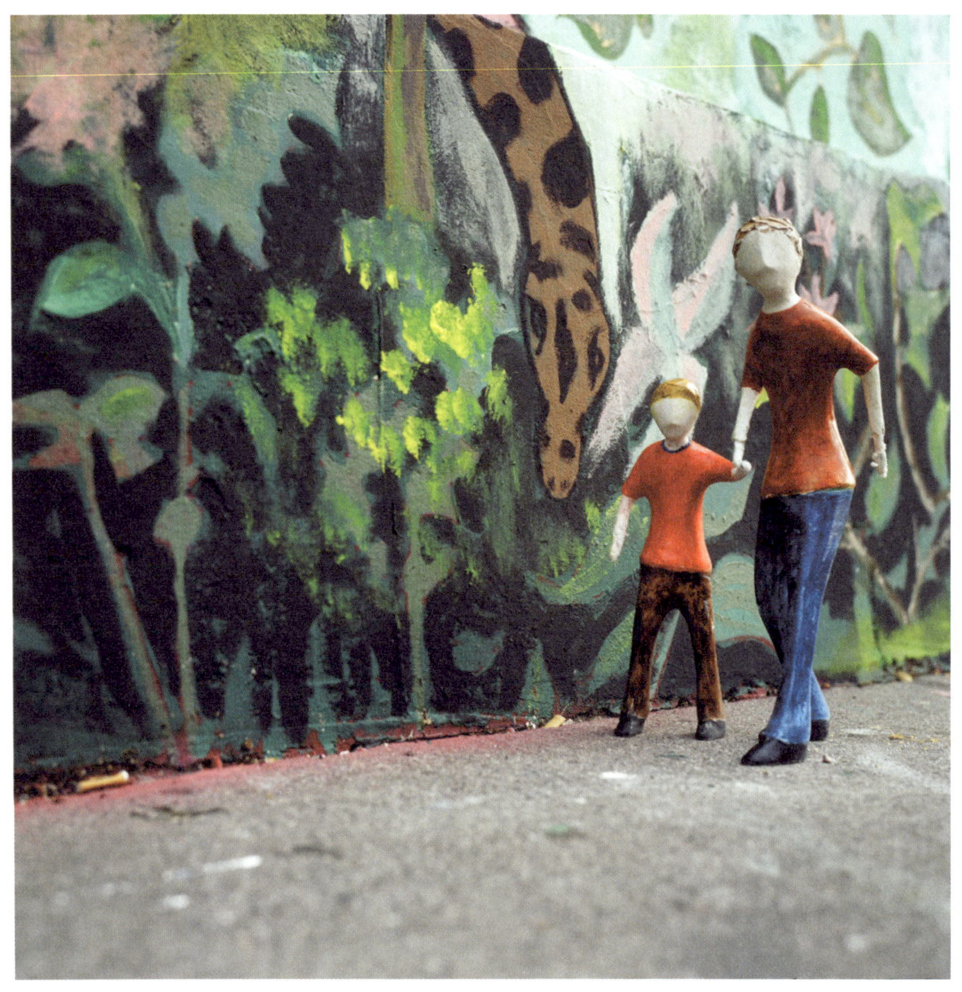

13

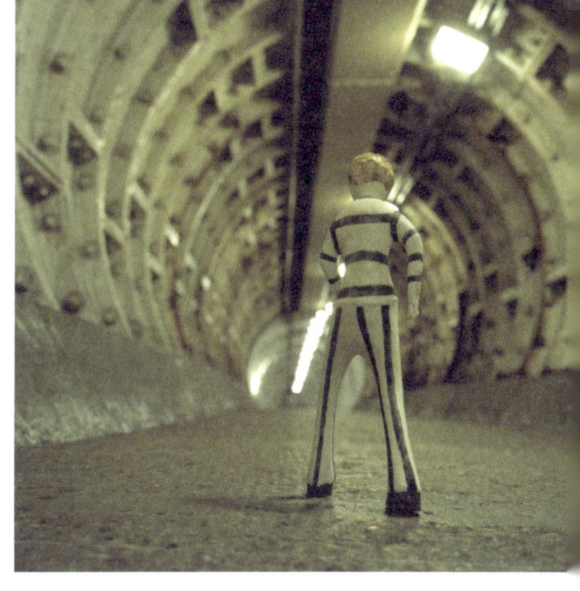

14

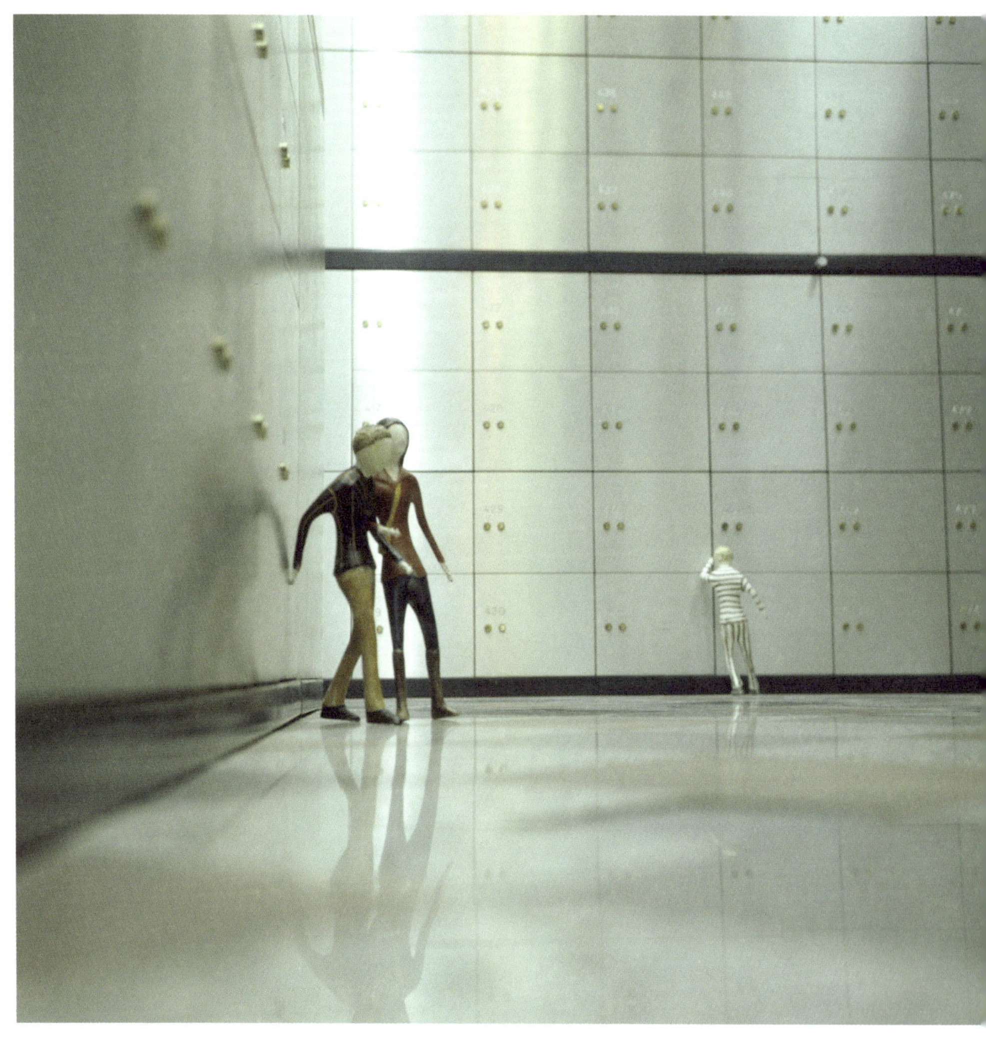

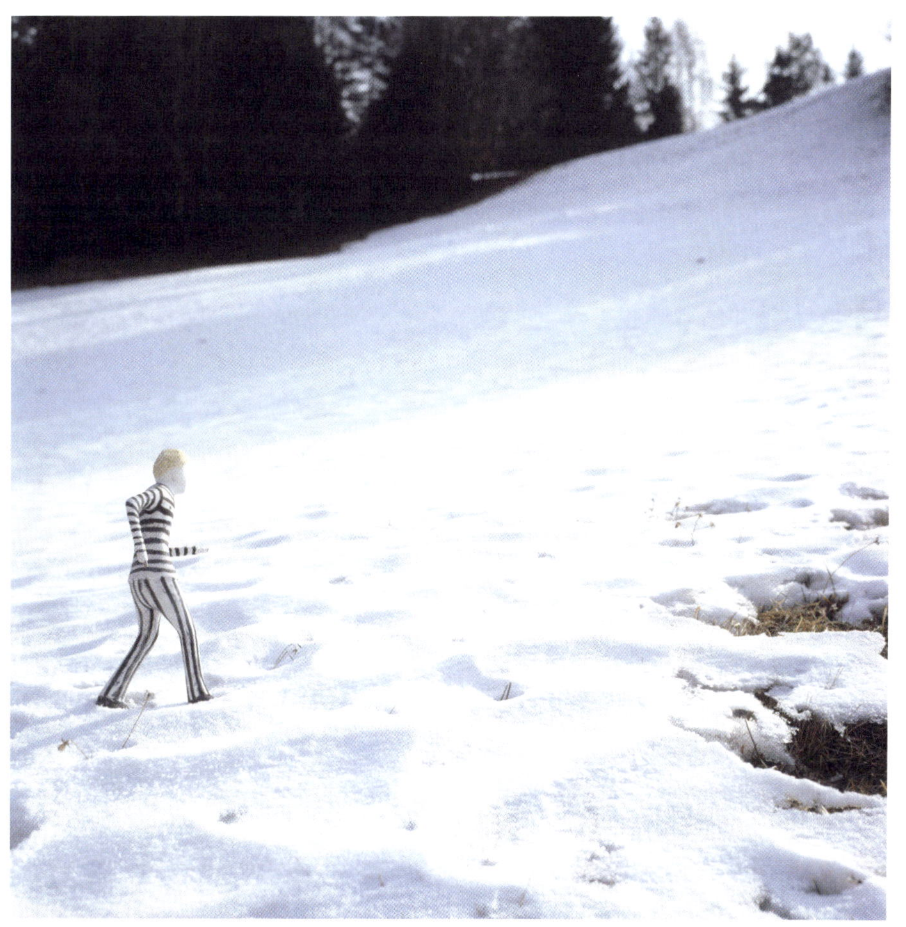

16

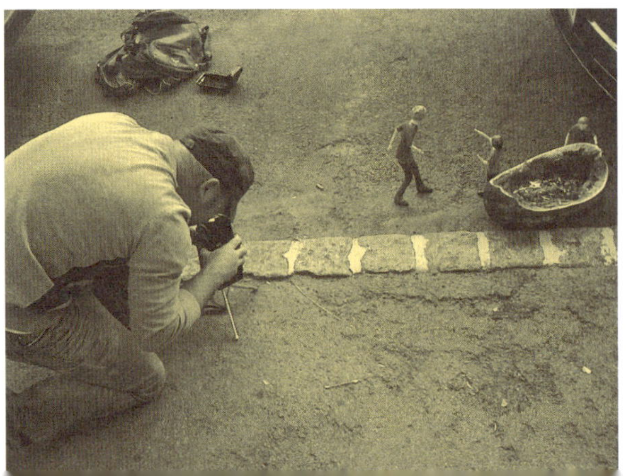

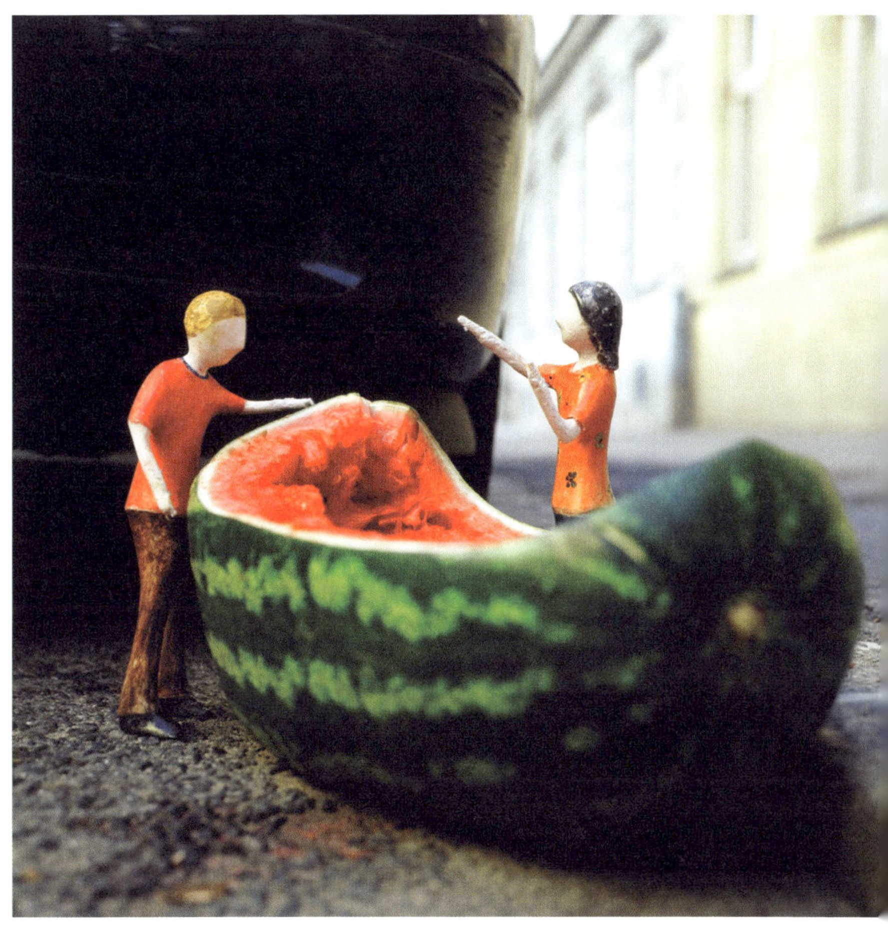

17

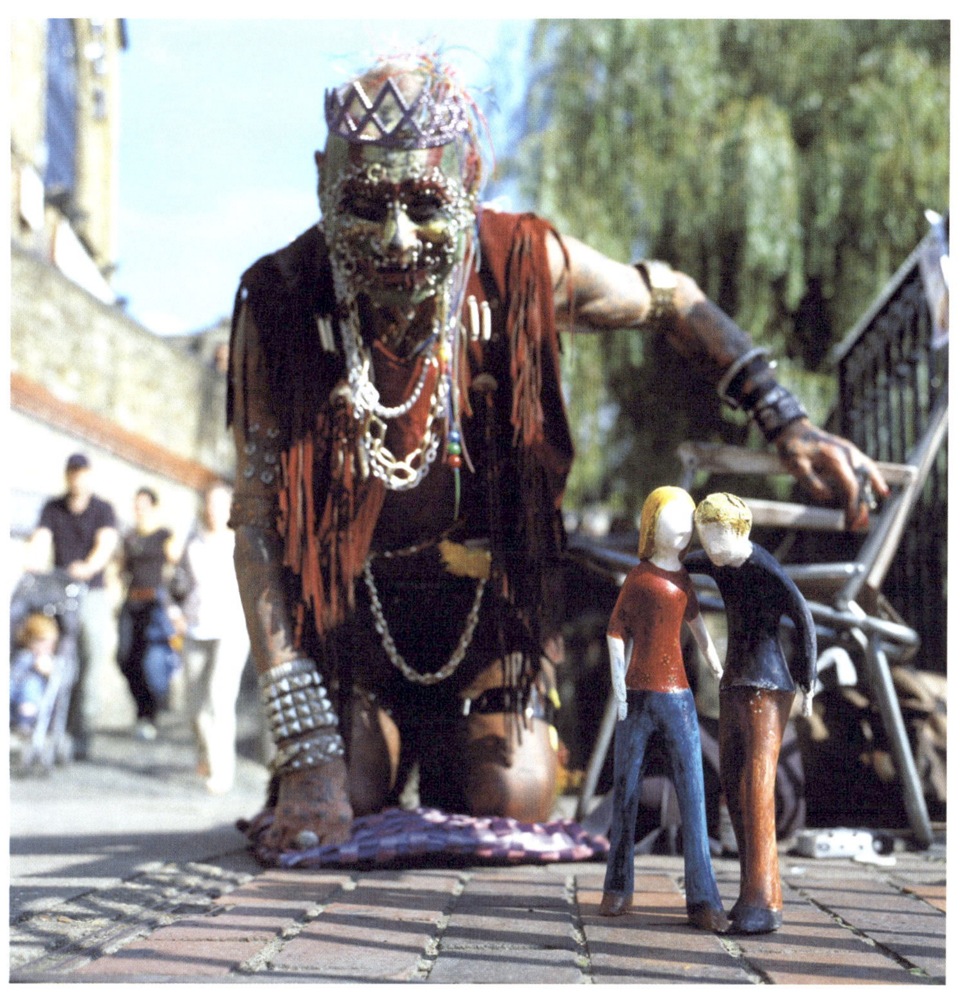

18

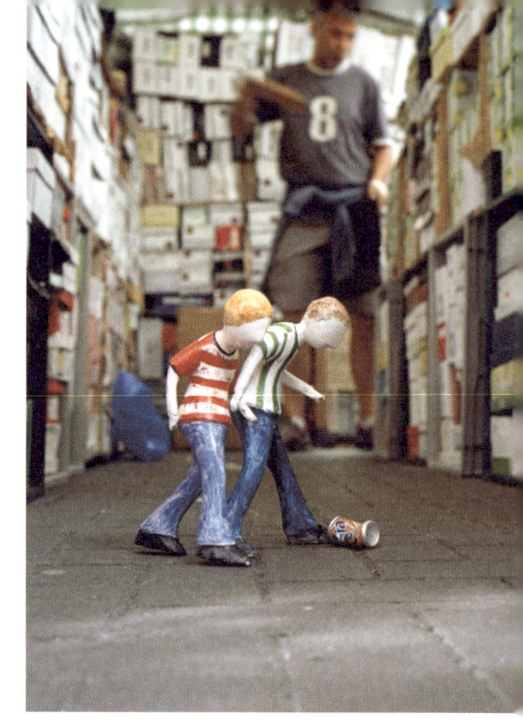

20

19

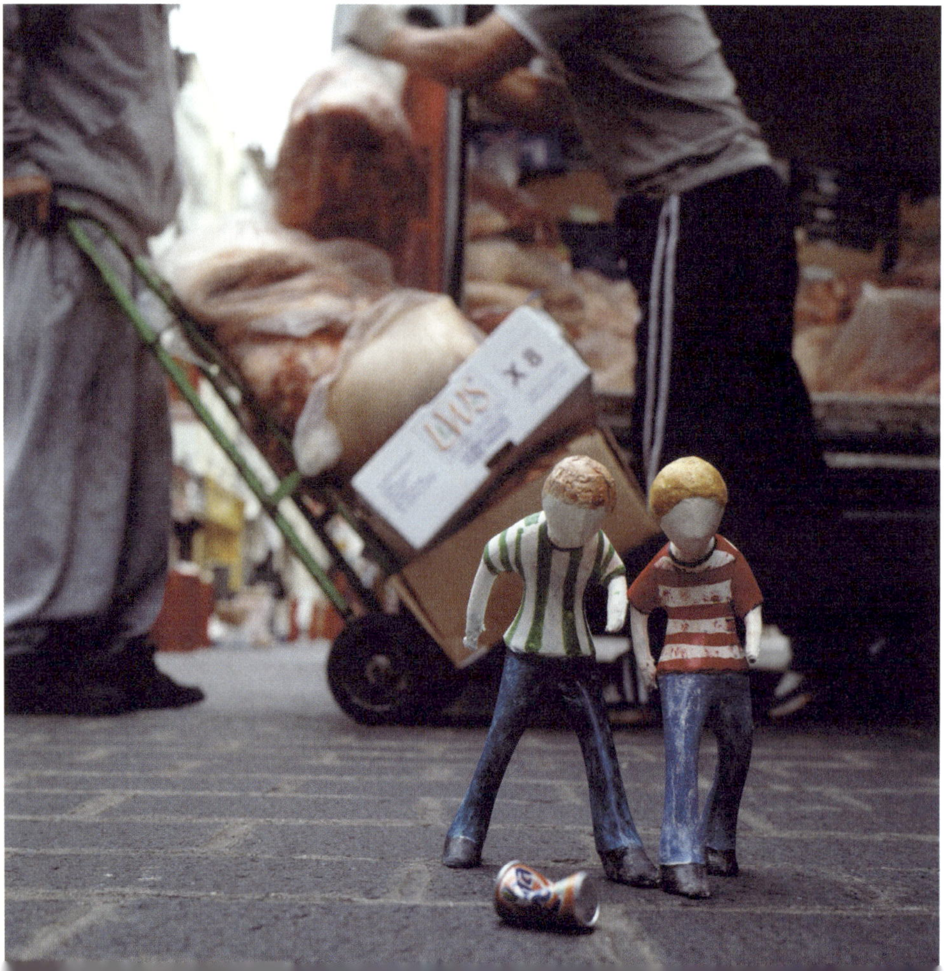

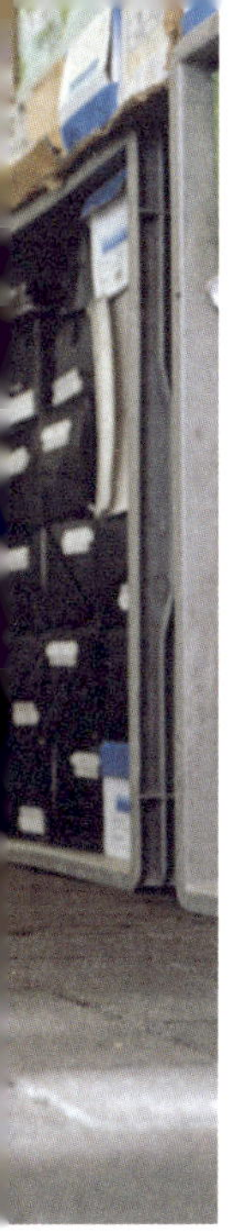

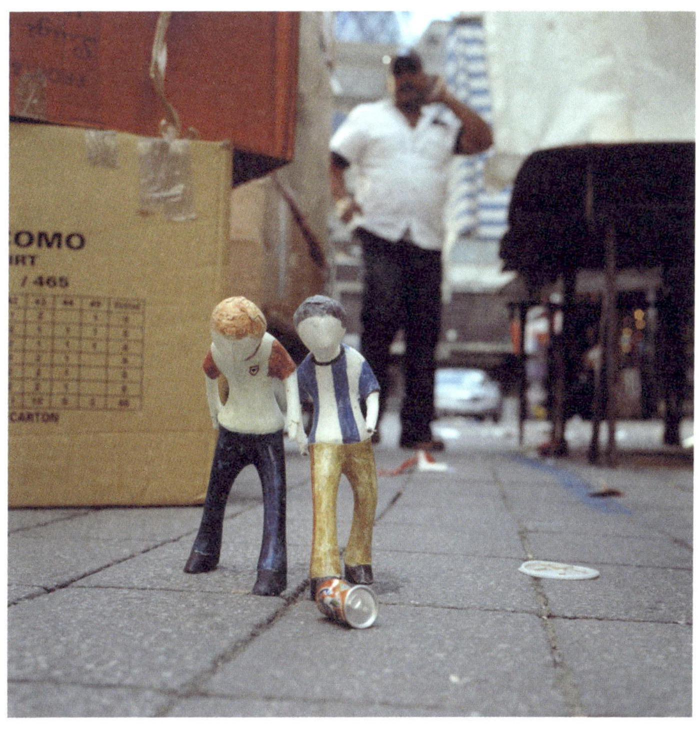

21

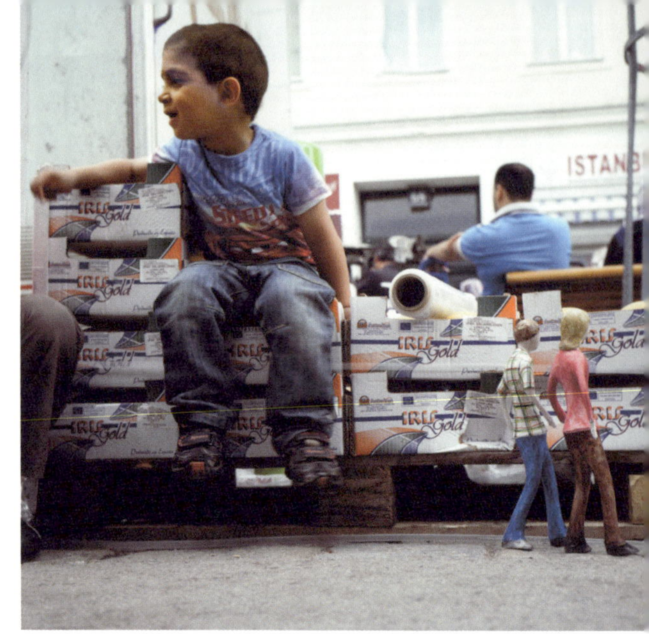

23

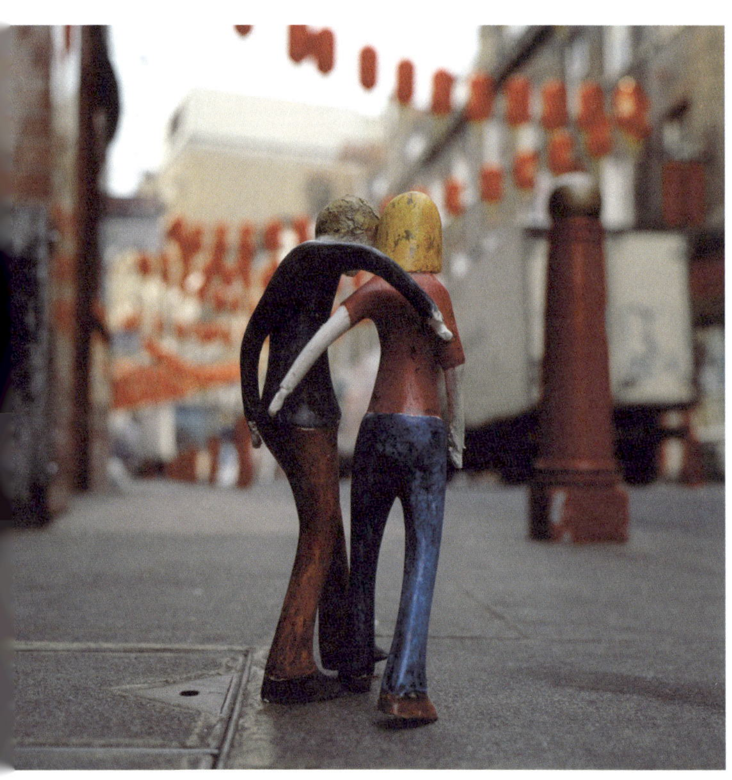

22

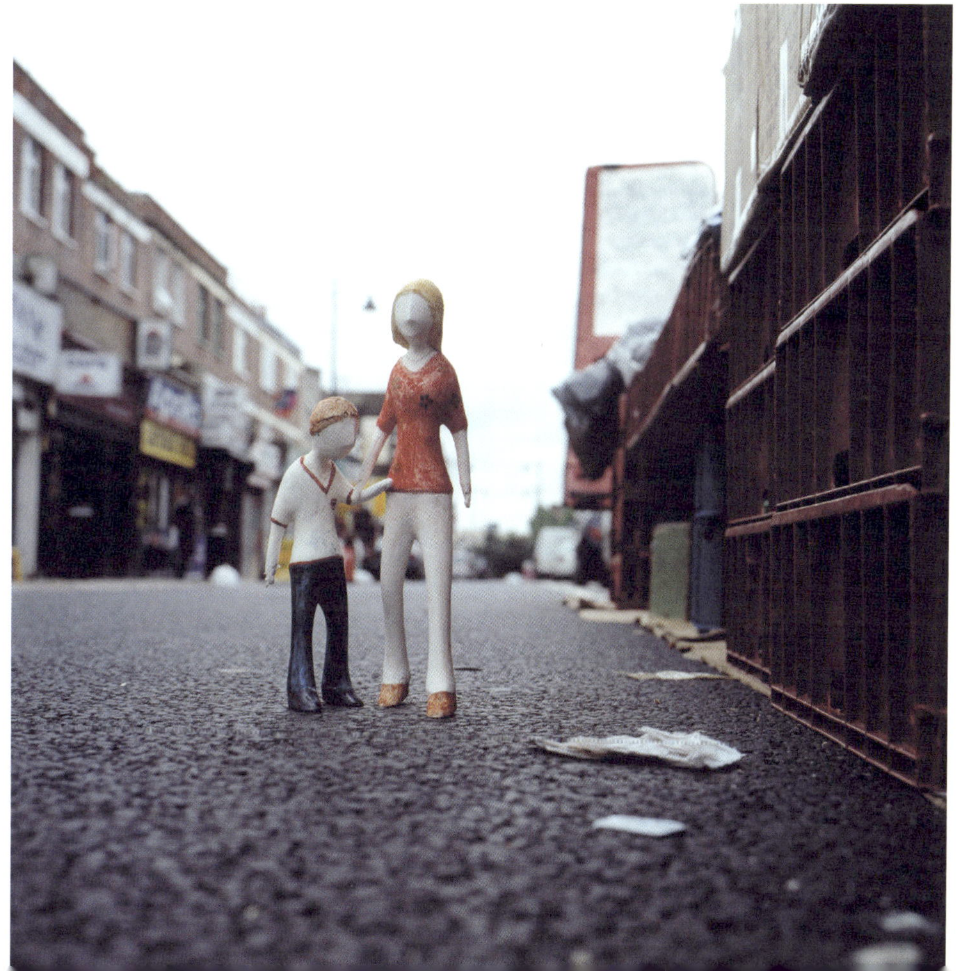

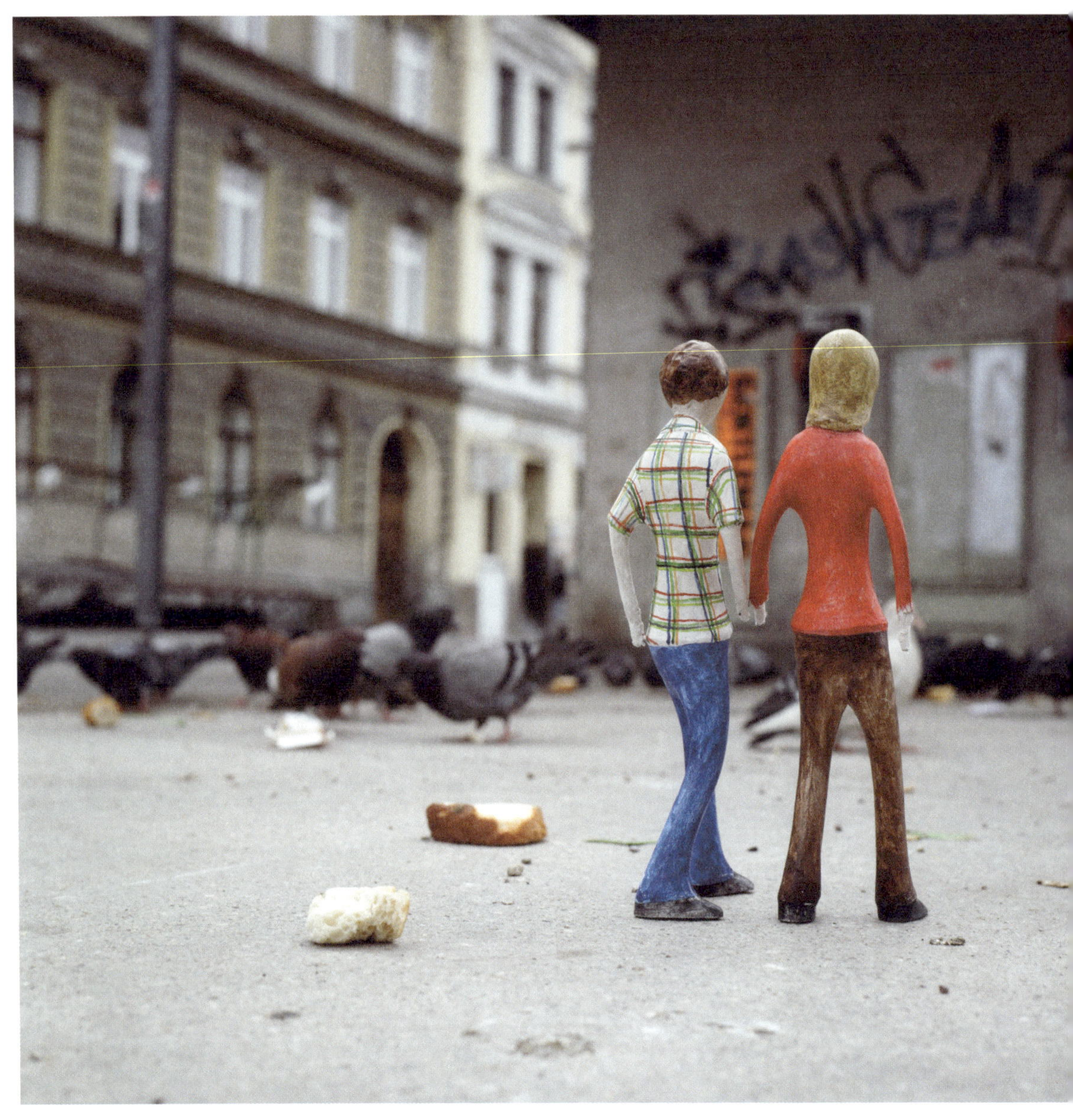

25

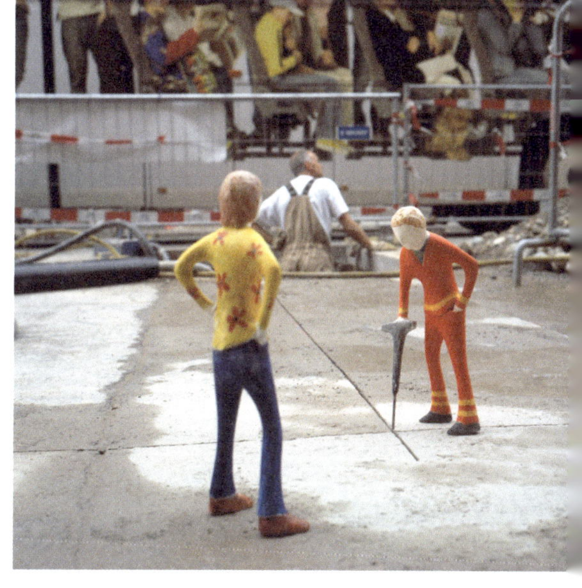

26

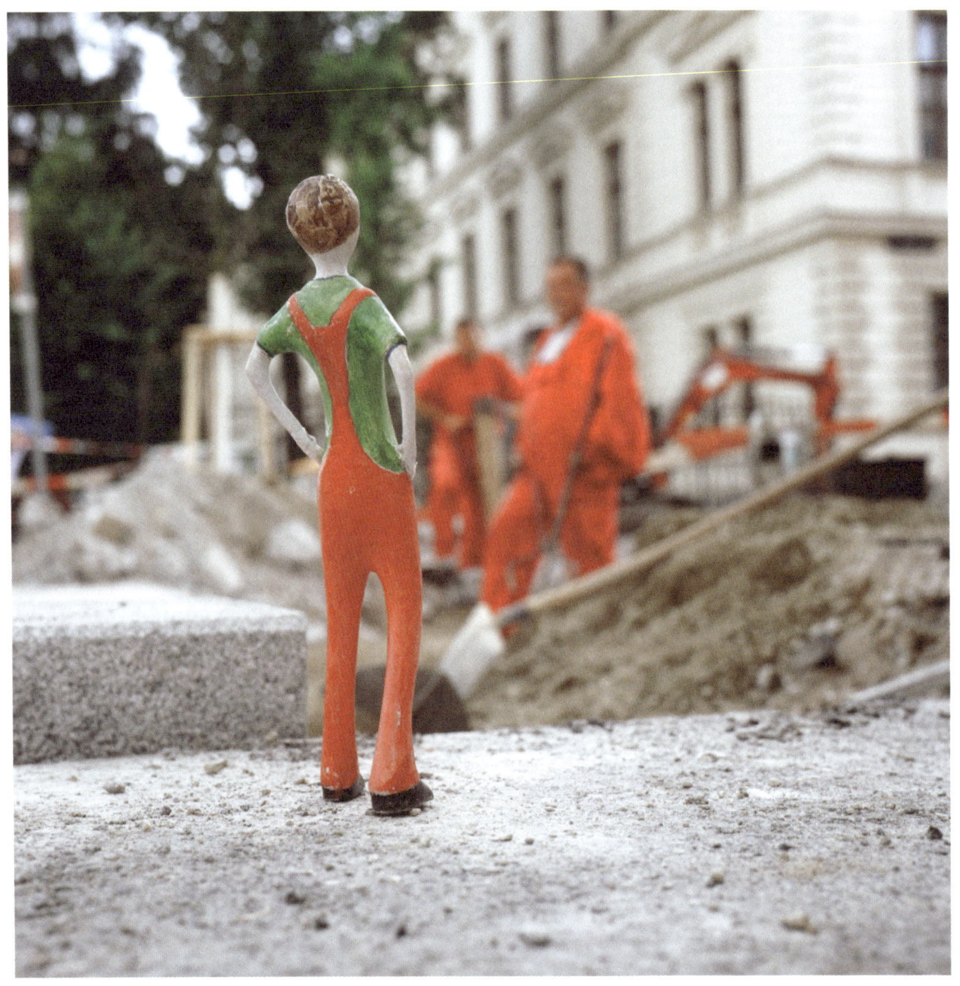

27

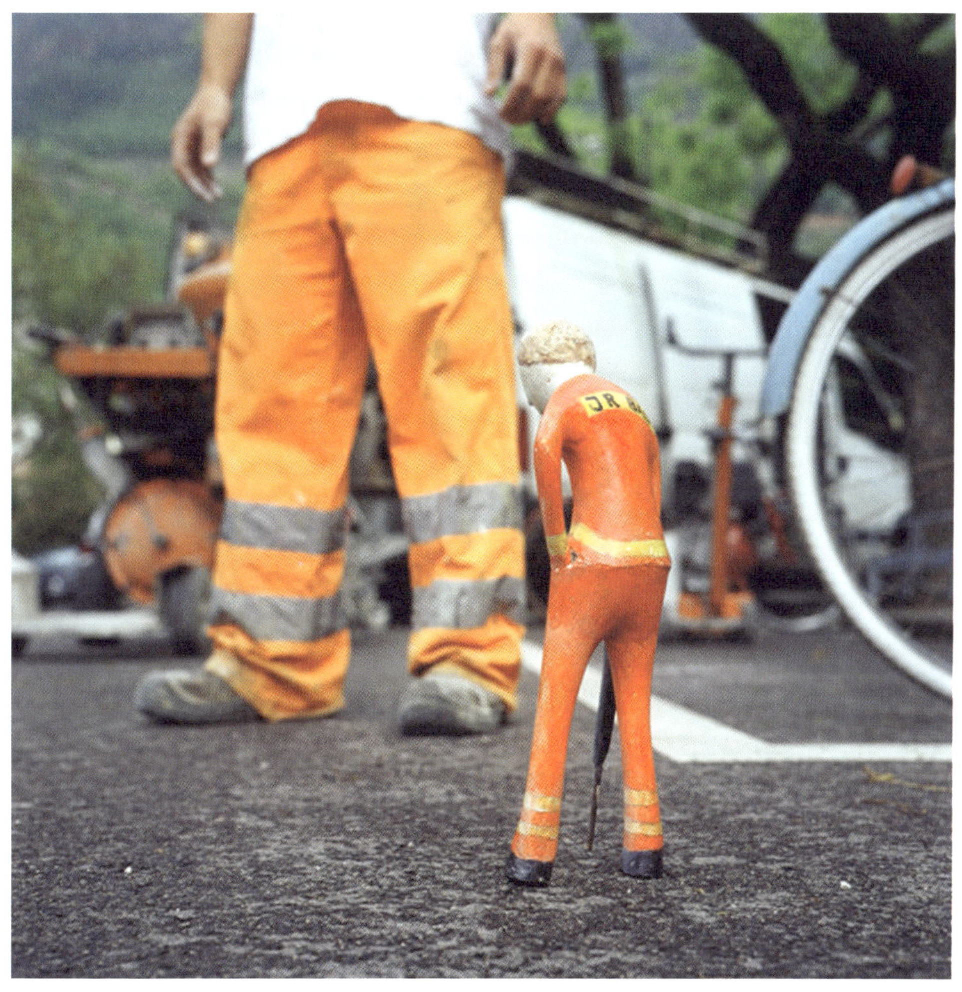

28

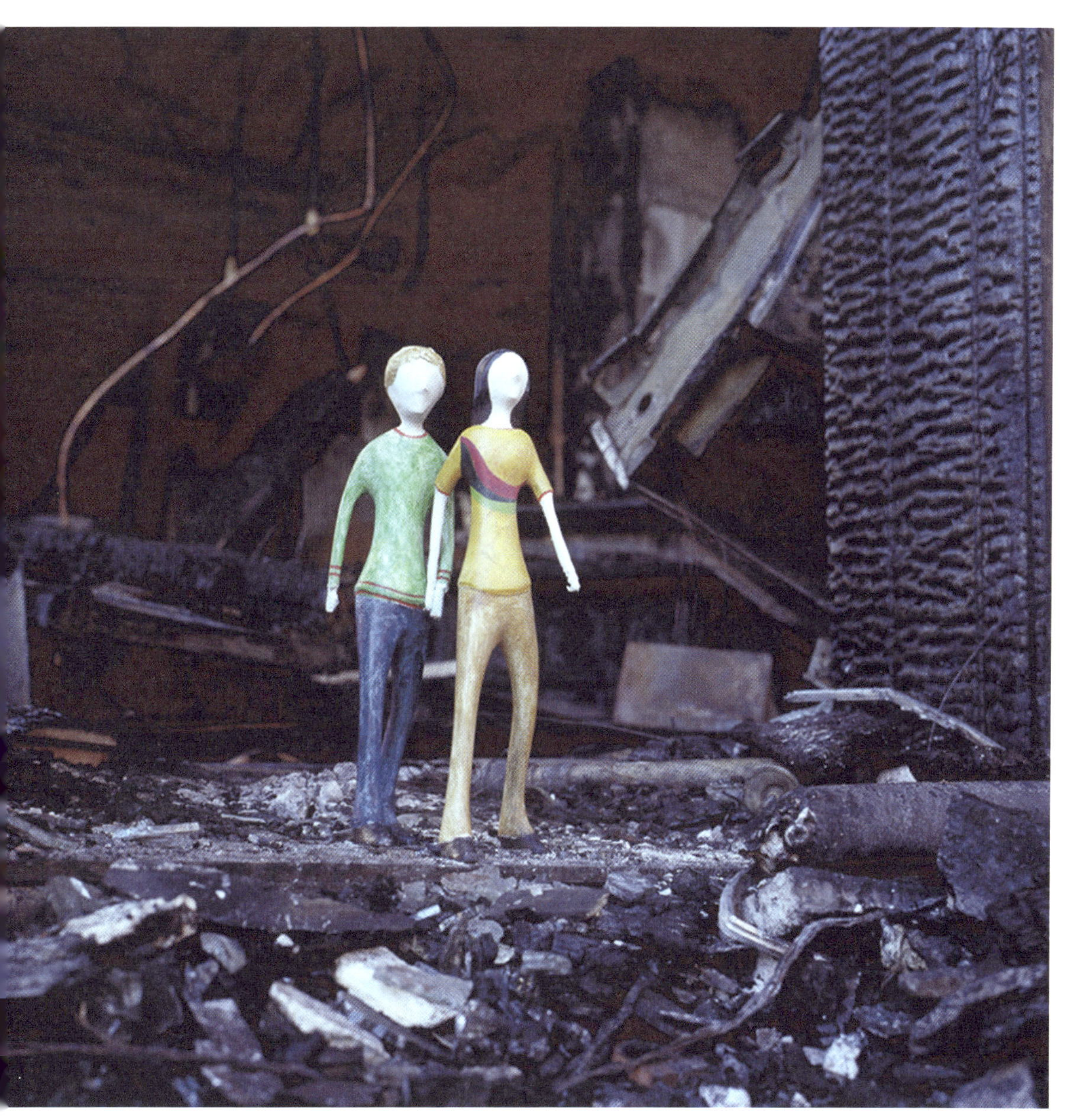

29

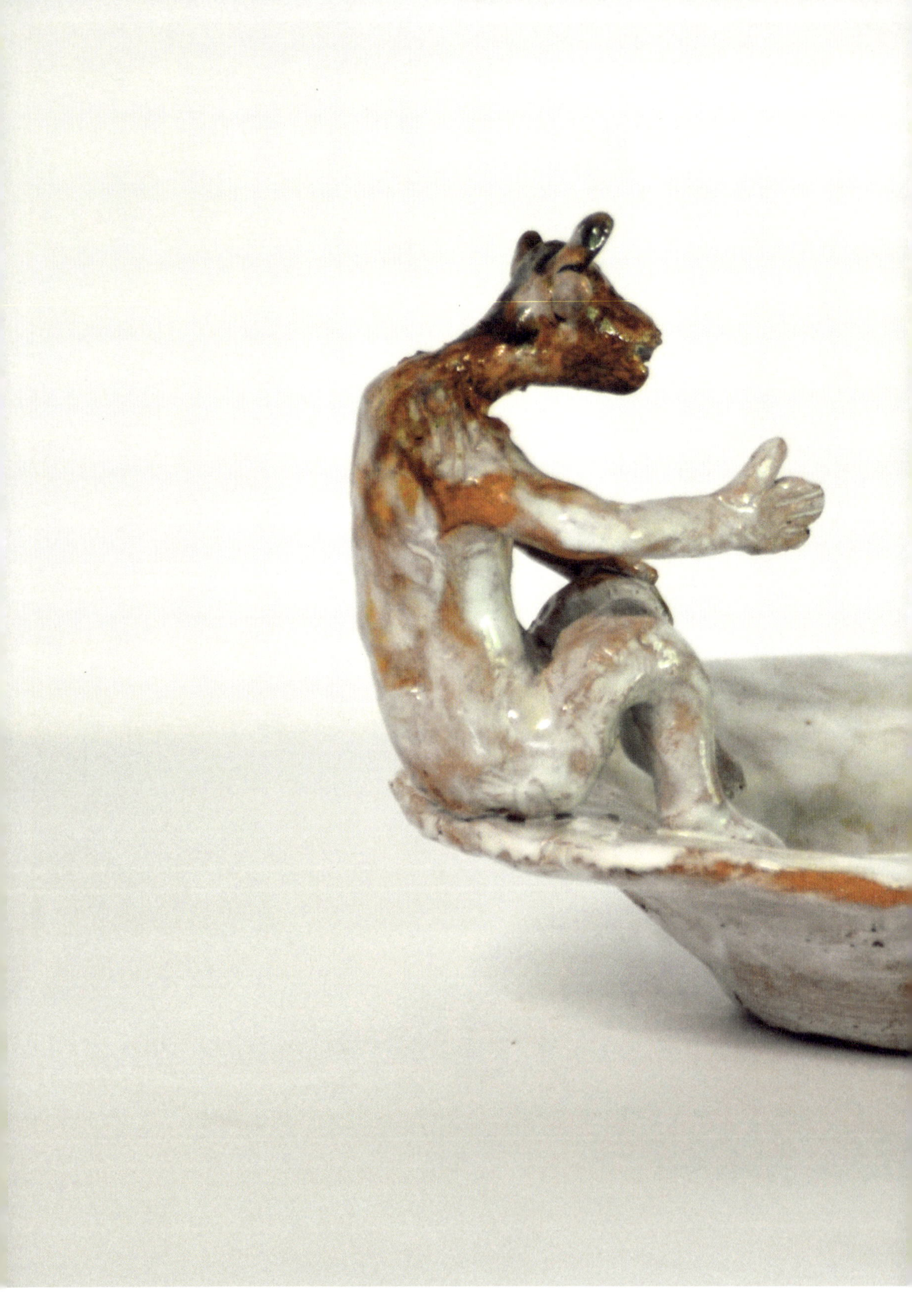

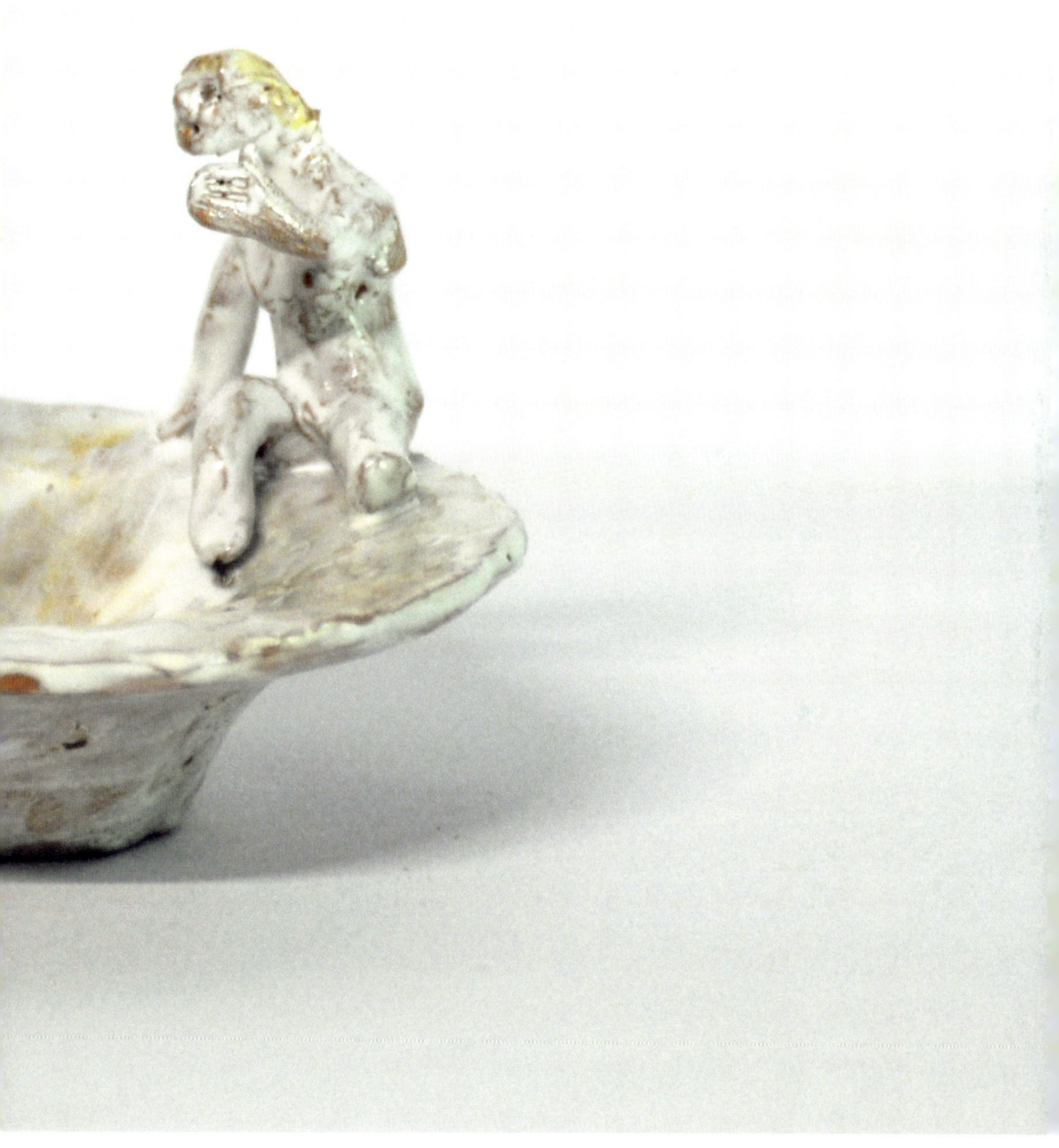

53

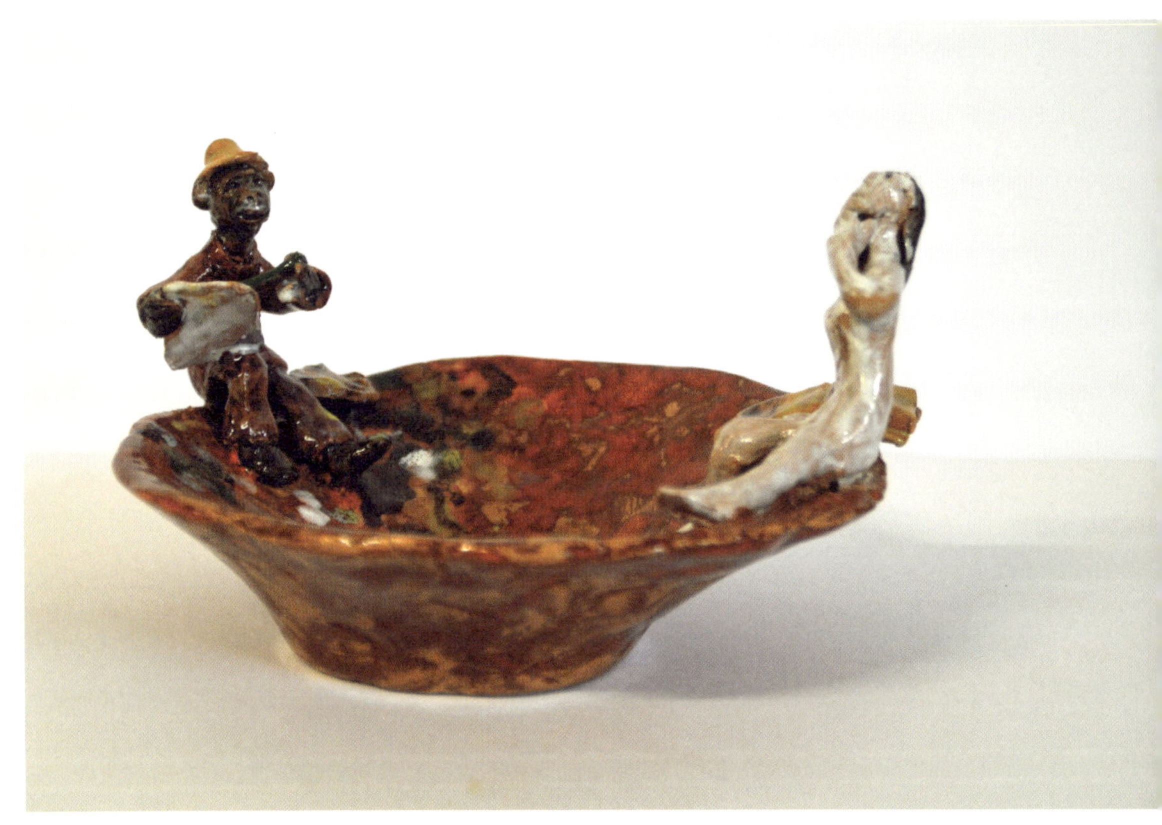

31

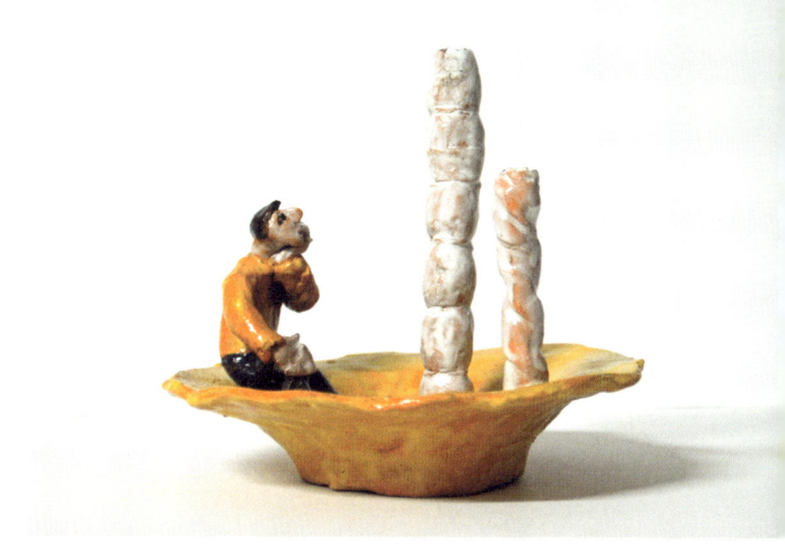

32

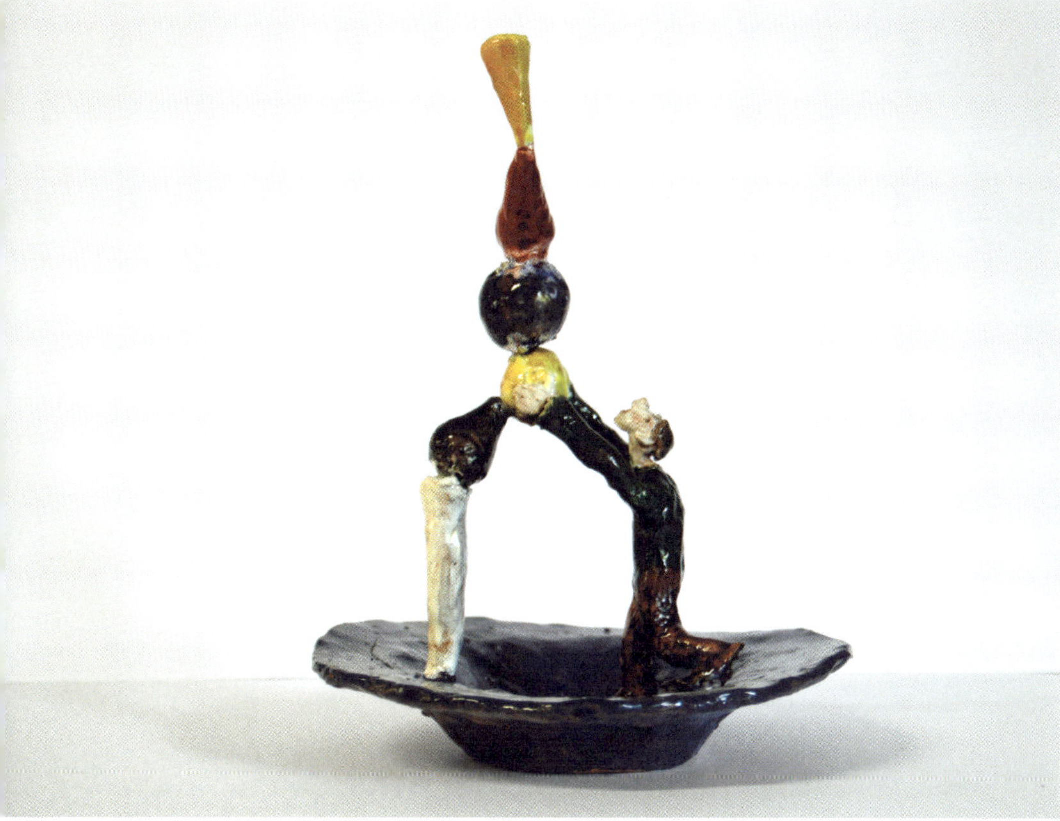

33

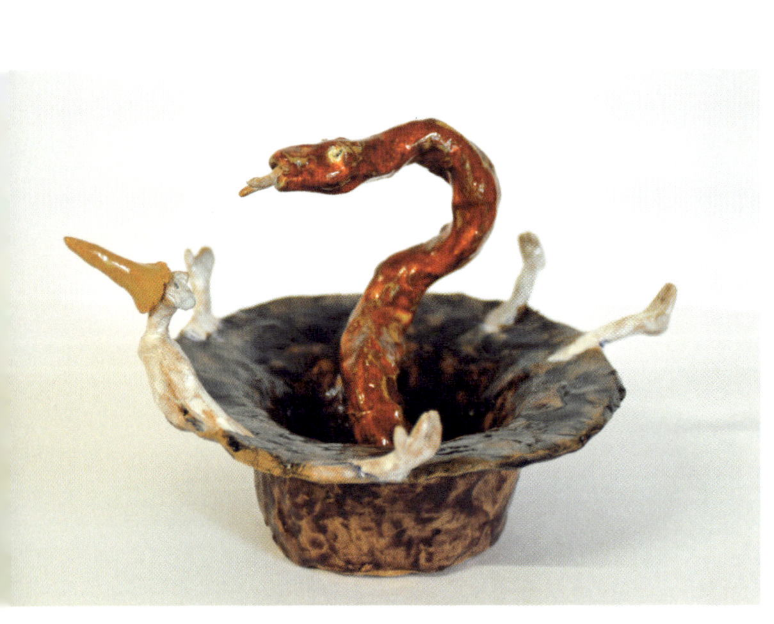

34

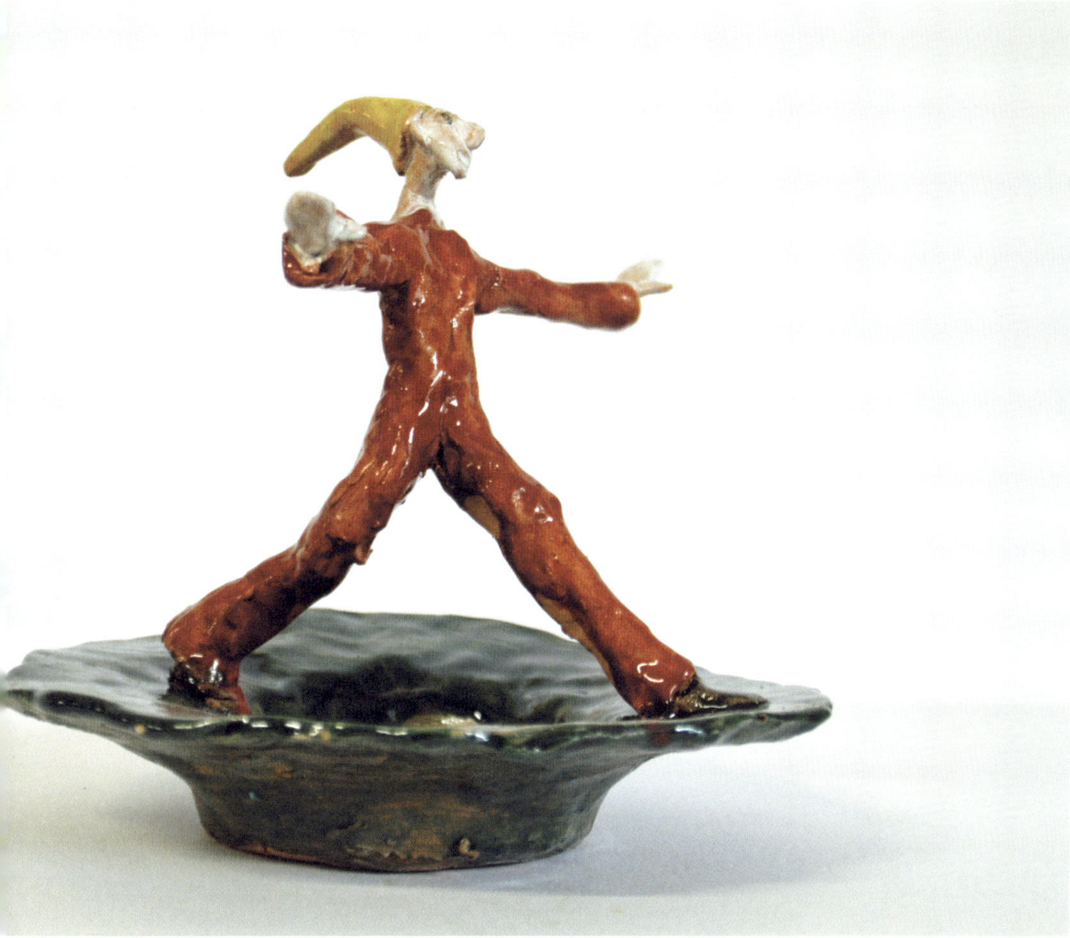

35

36

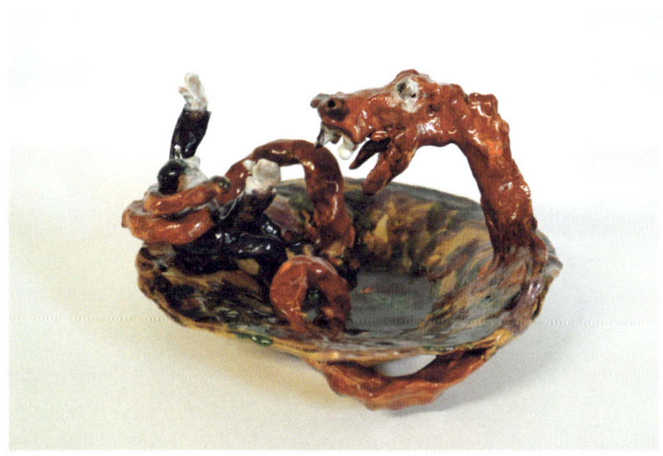

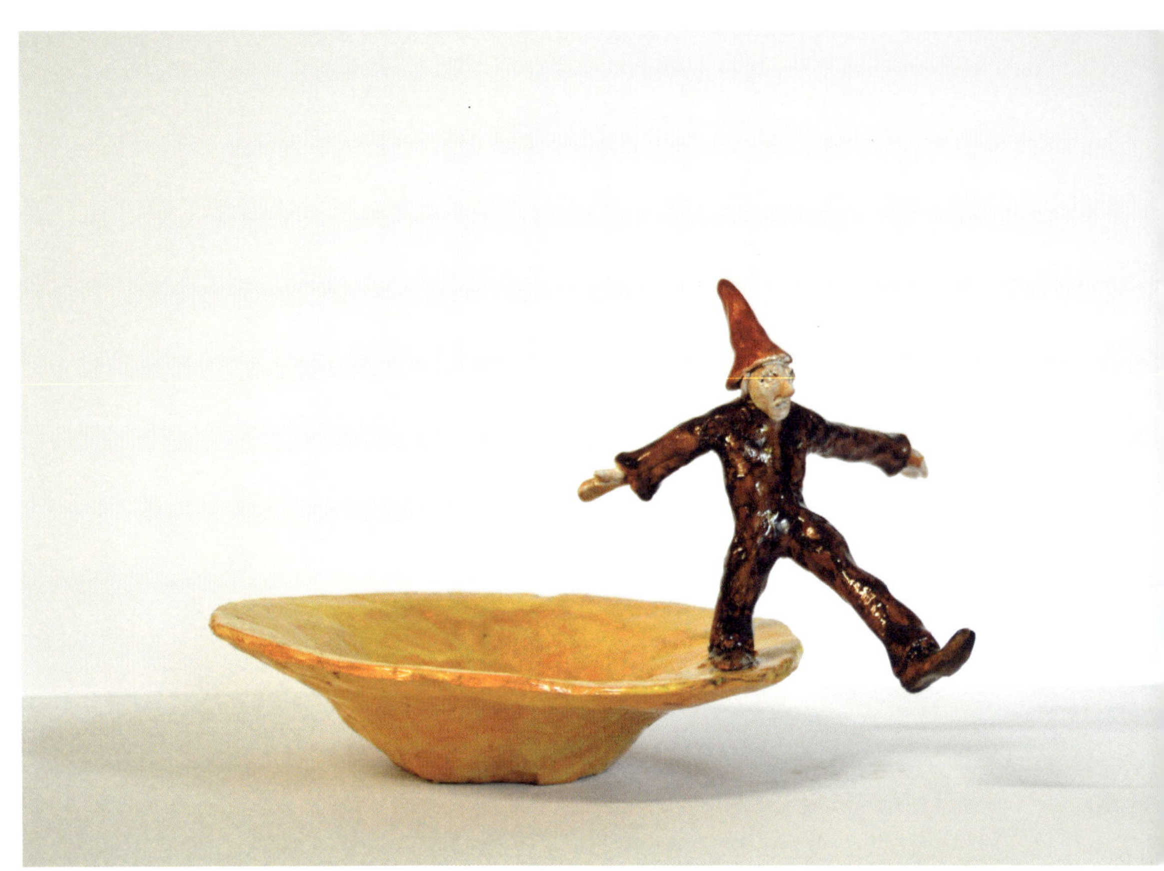

37

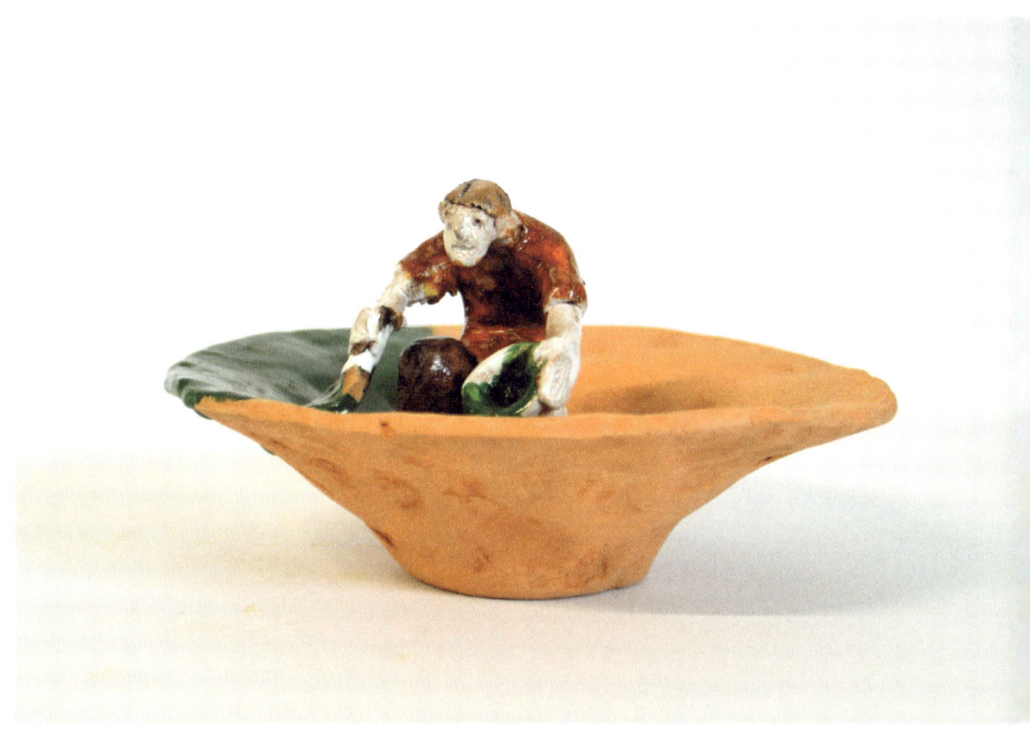

38

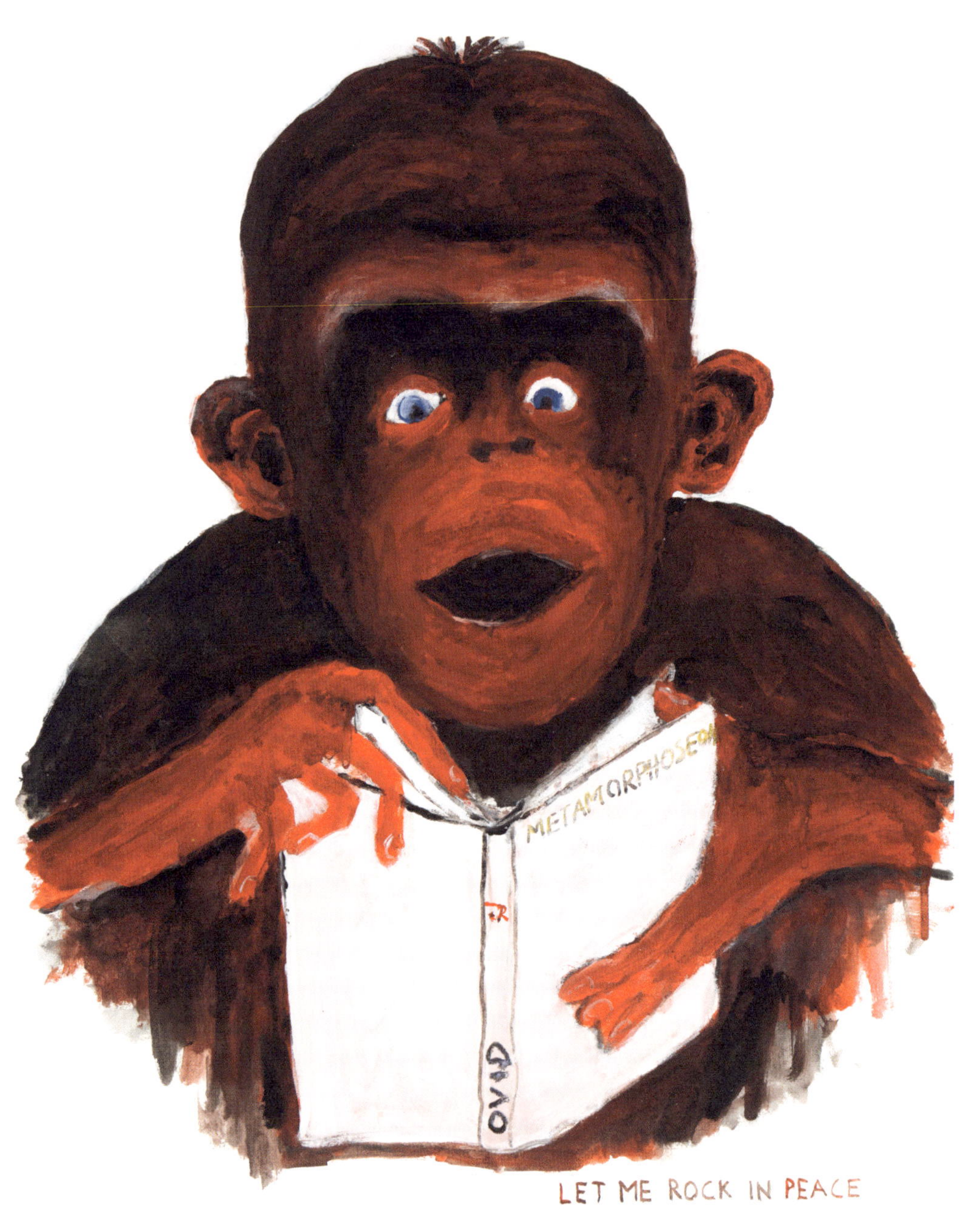
METAMORPHOSE
OVID
LET ME ROCK IN PEACE
39

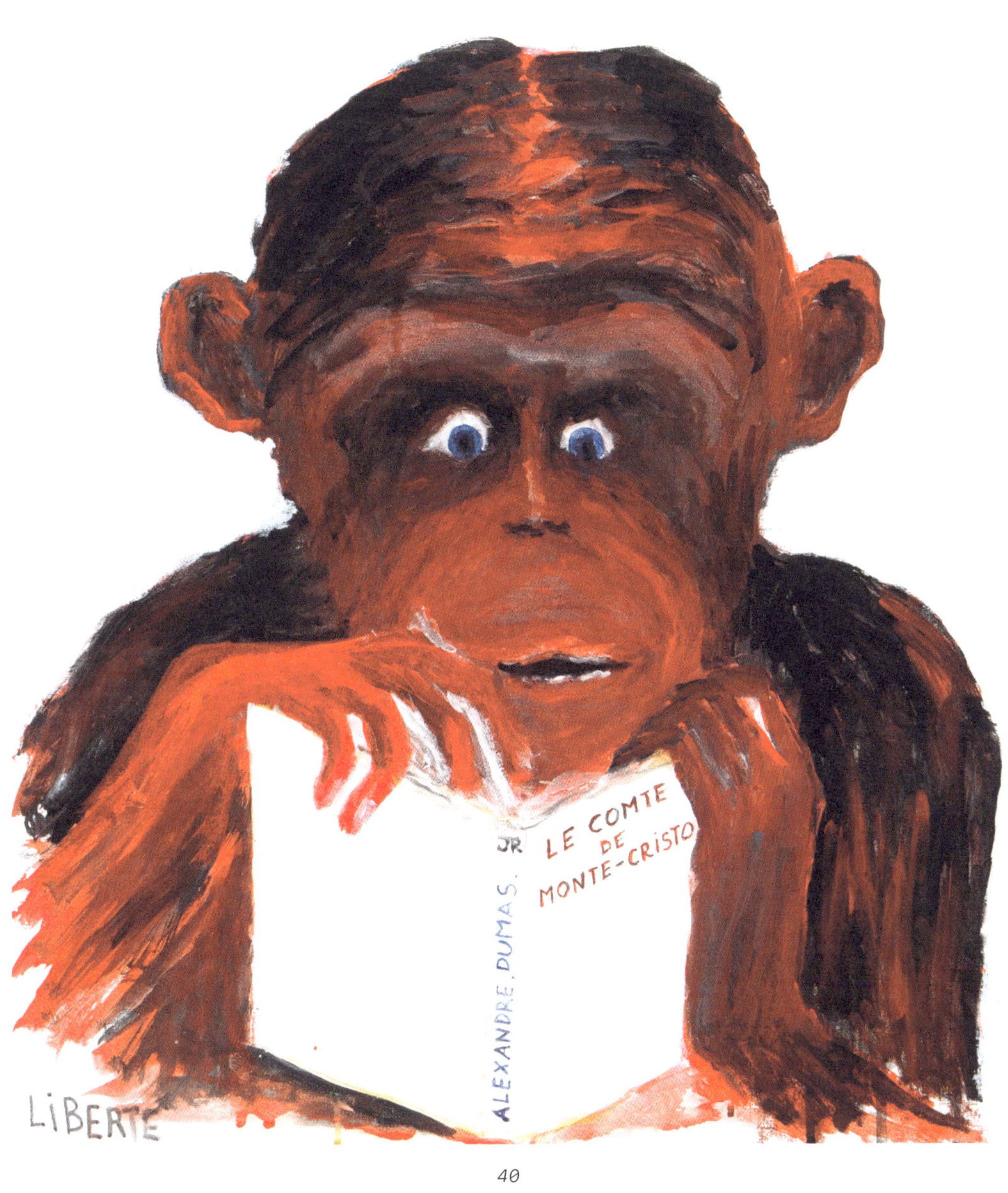
JR
LE COMTE
DE
MONTE-CRISTO
ALEXANDRE. DUMAS.
LIBERTE
40

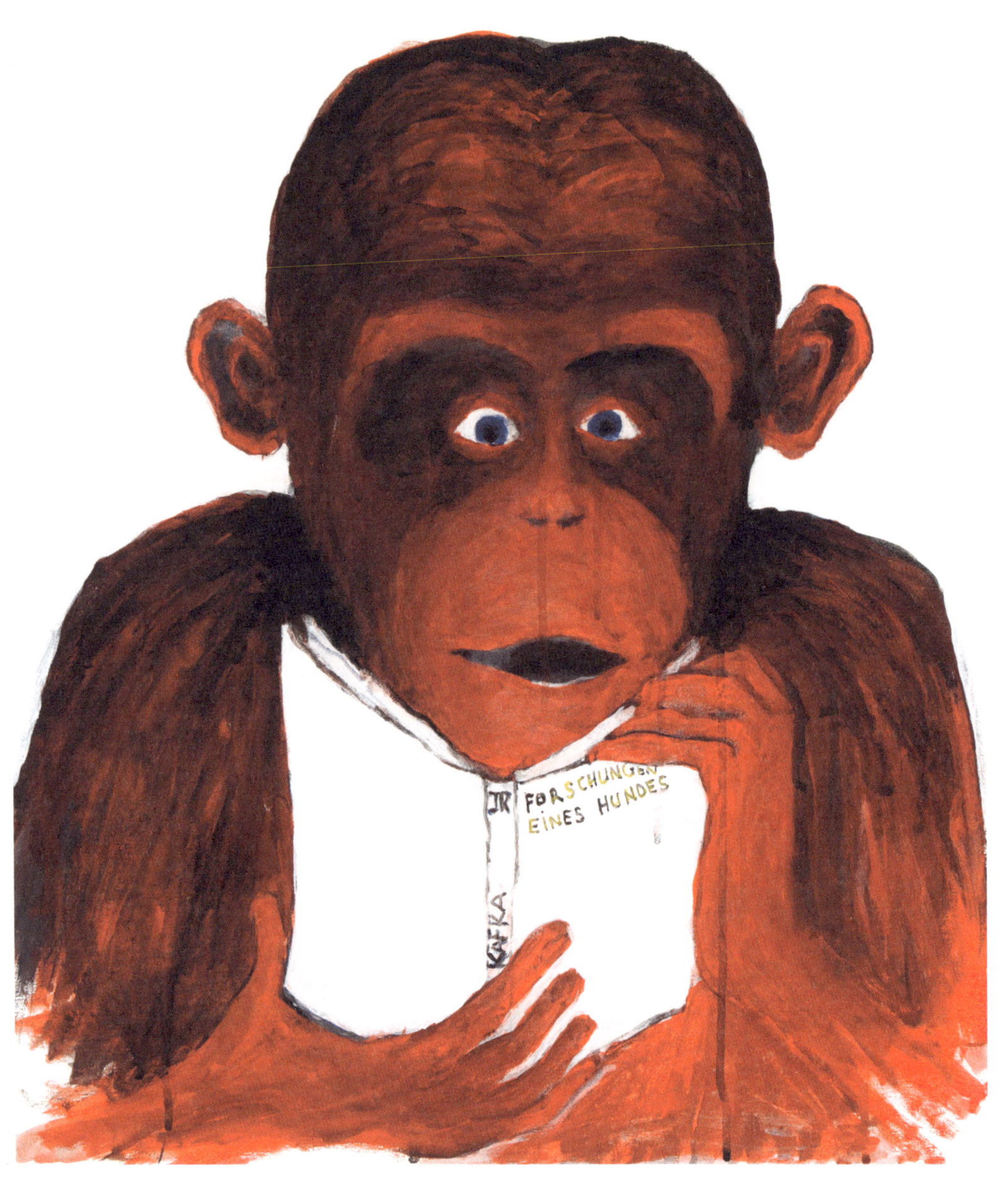

41

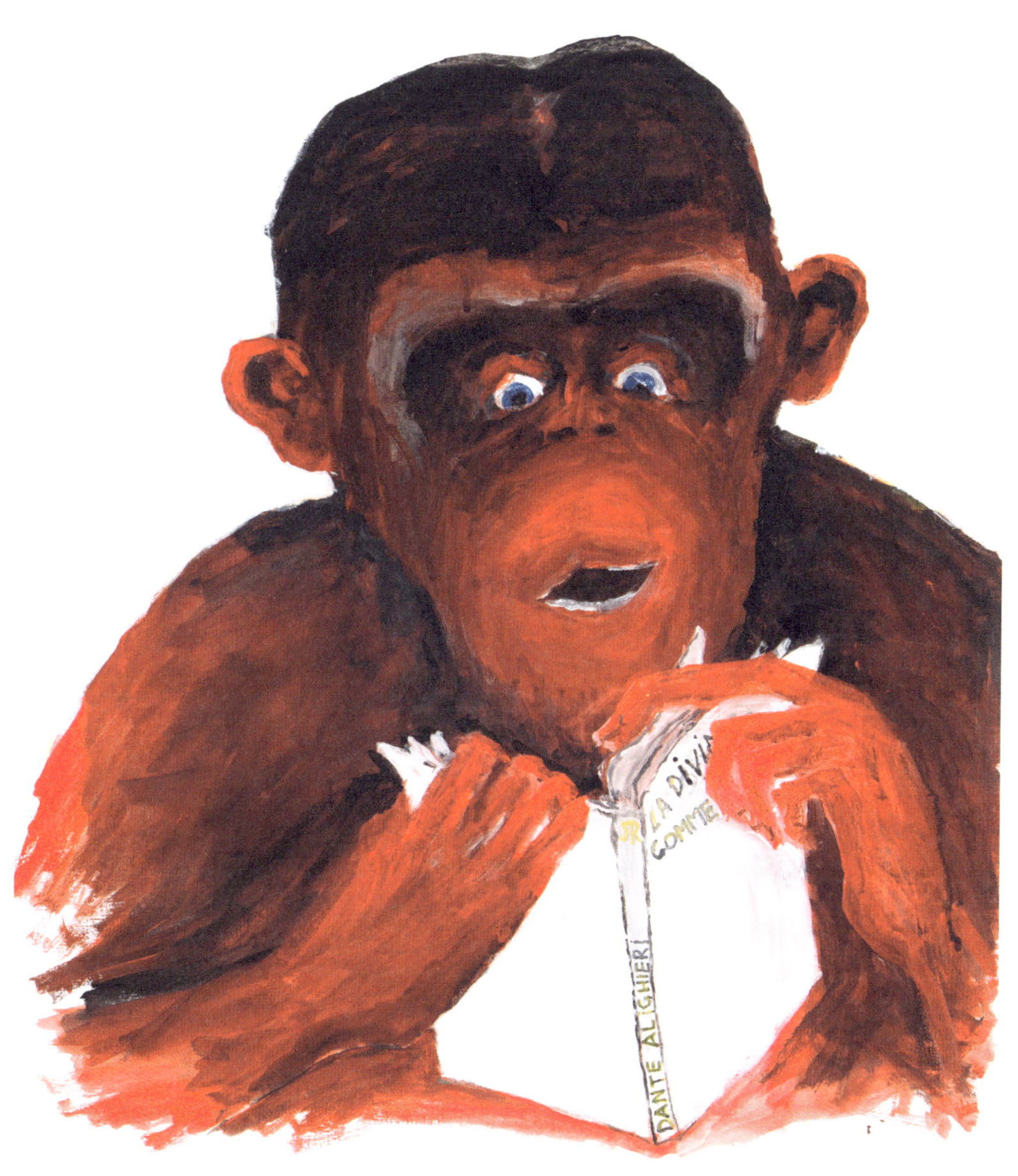

42

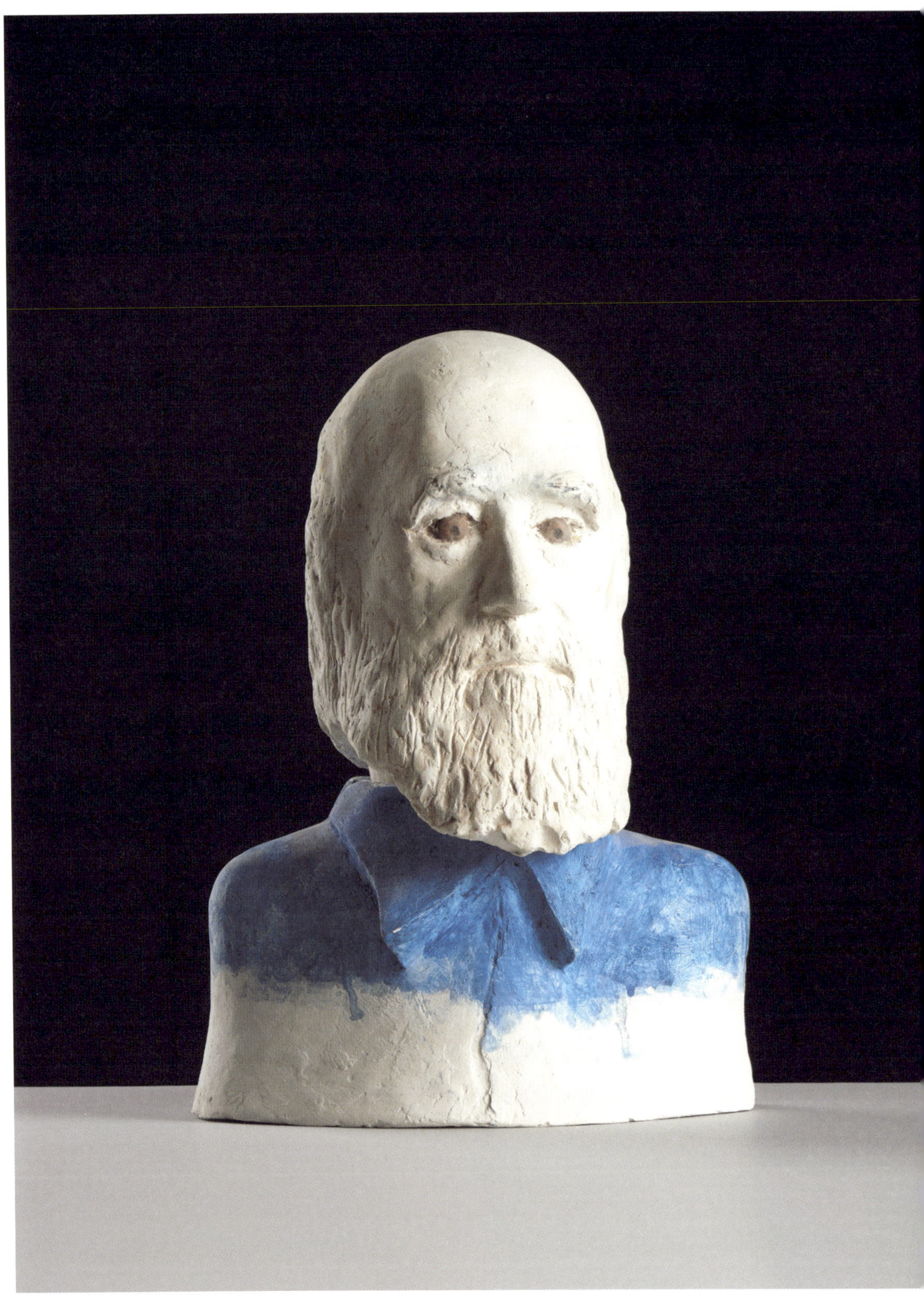

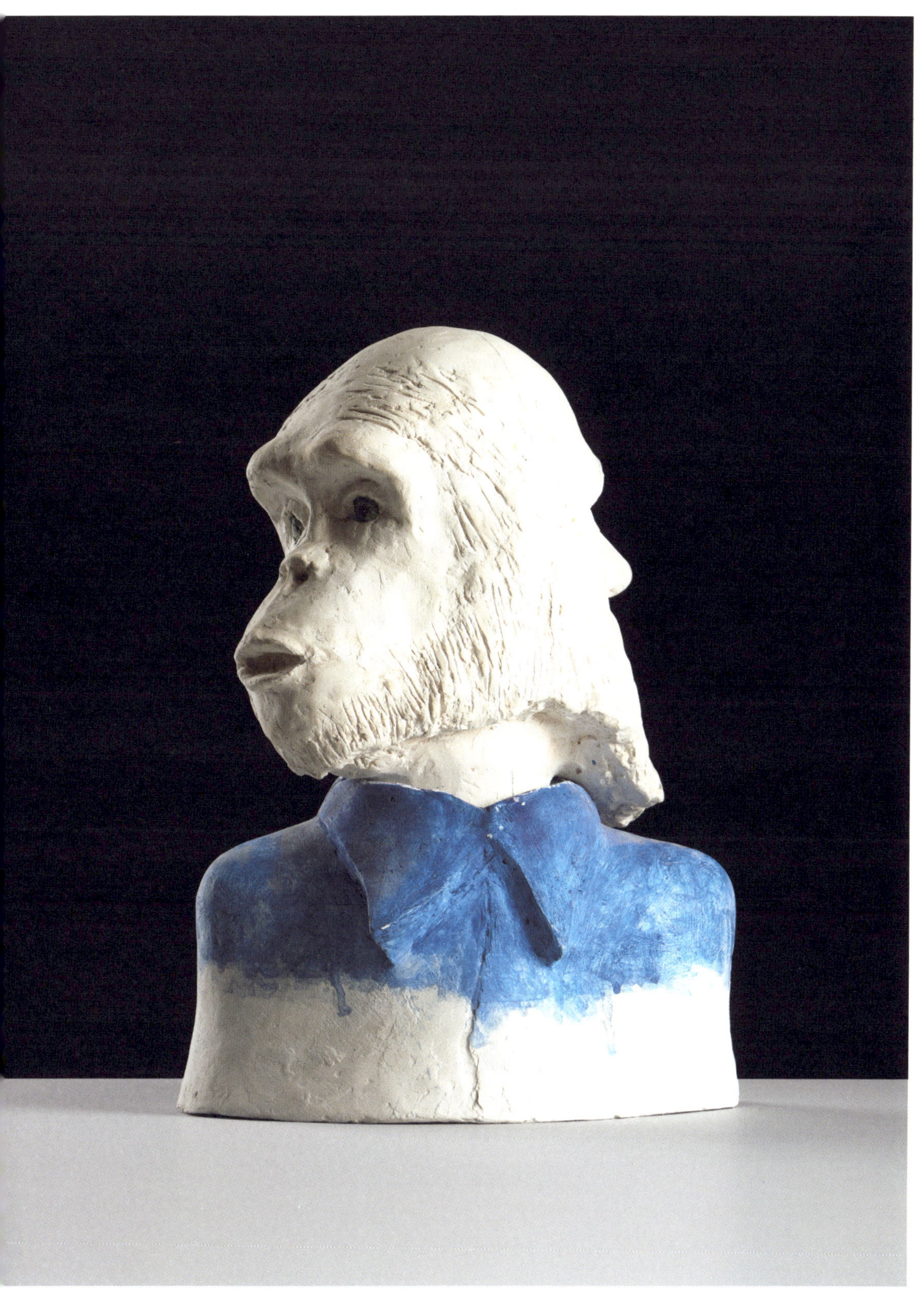

43

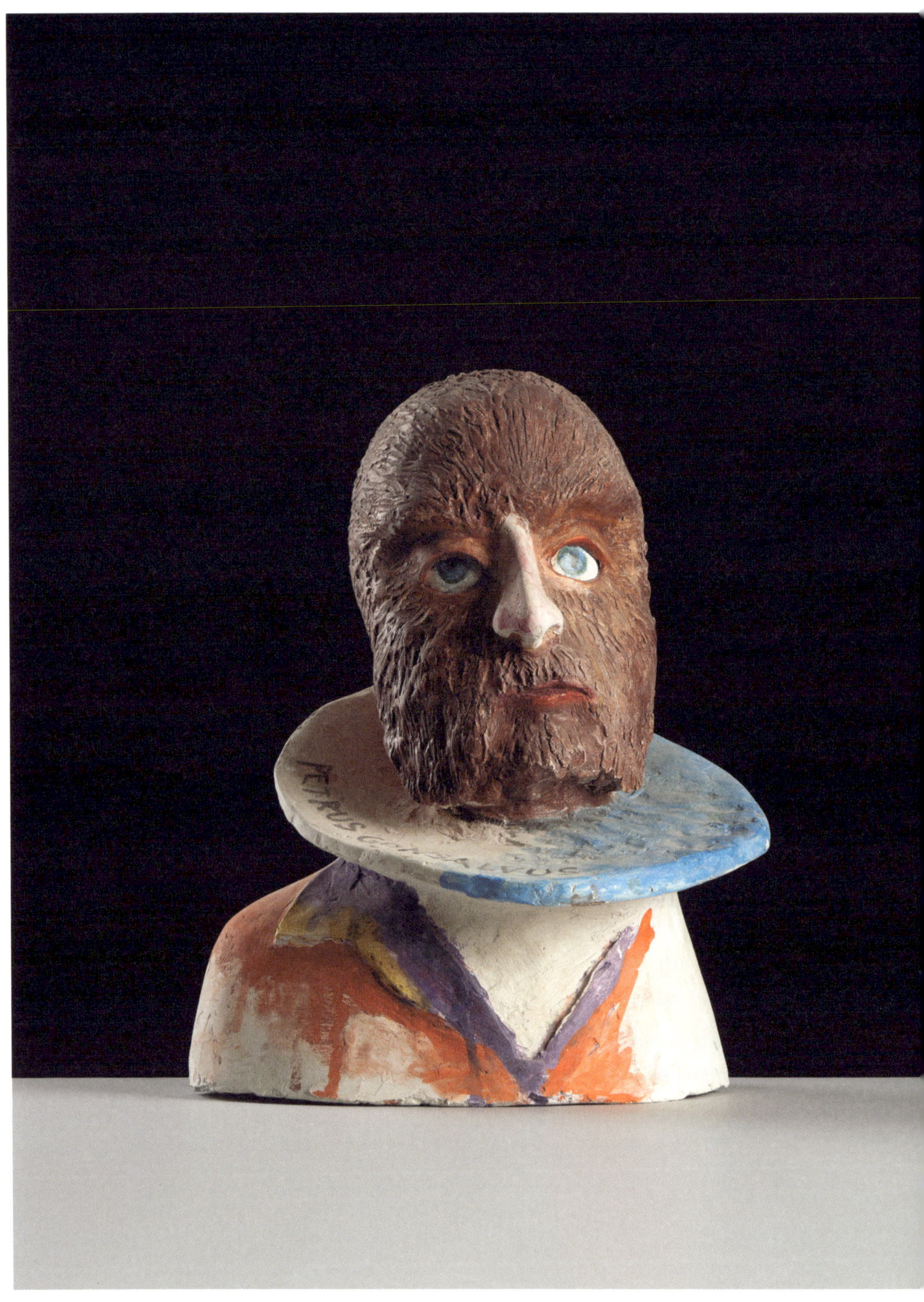

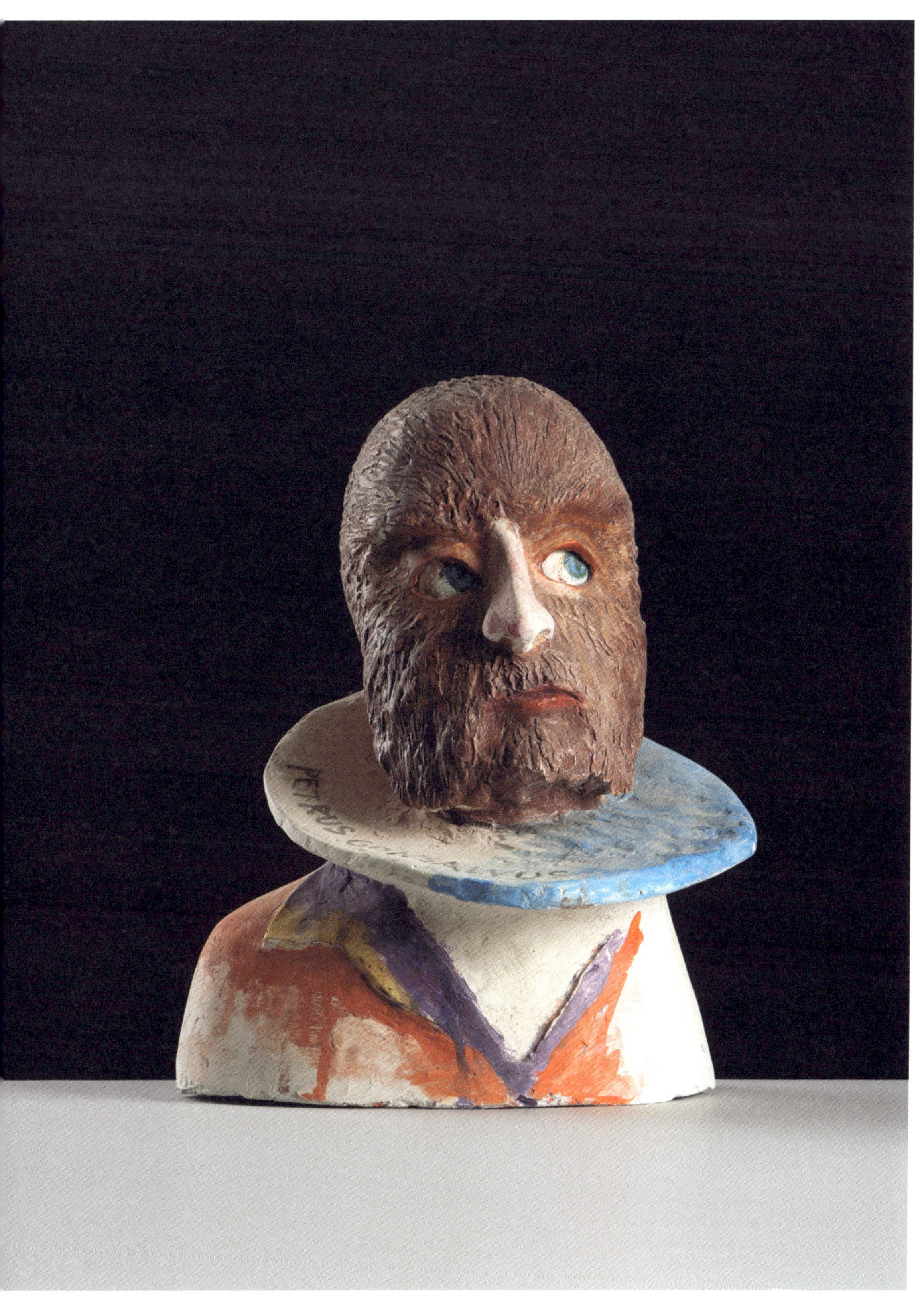

44

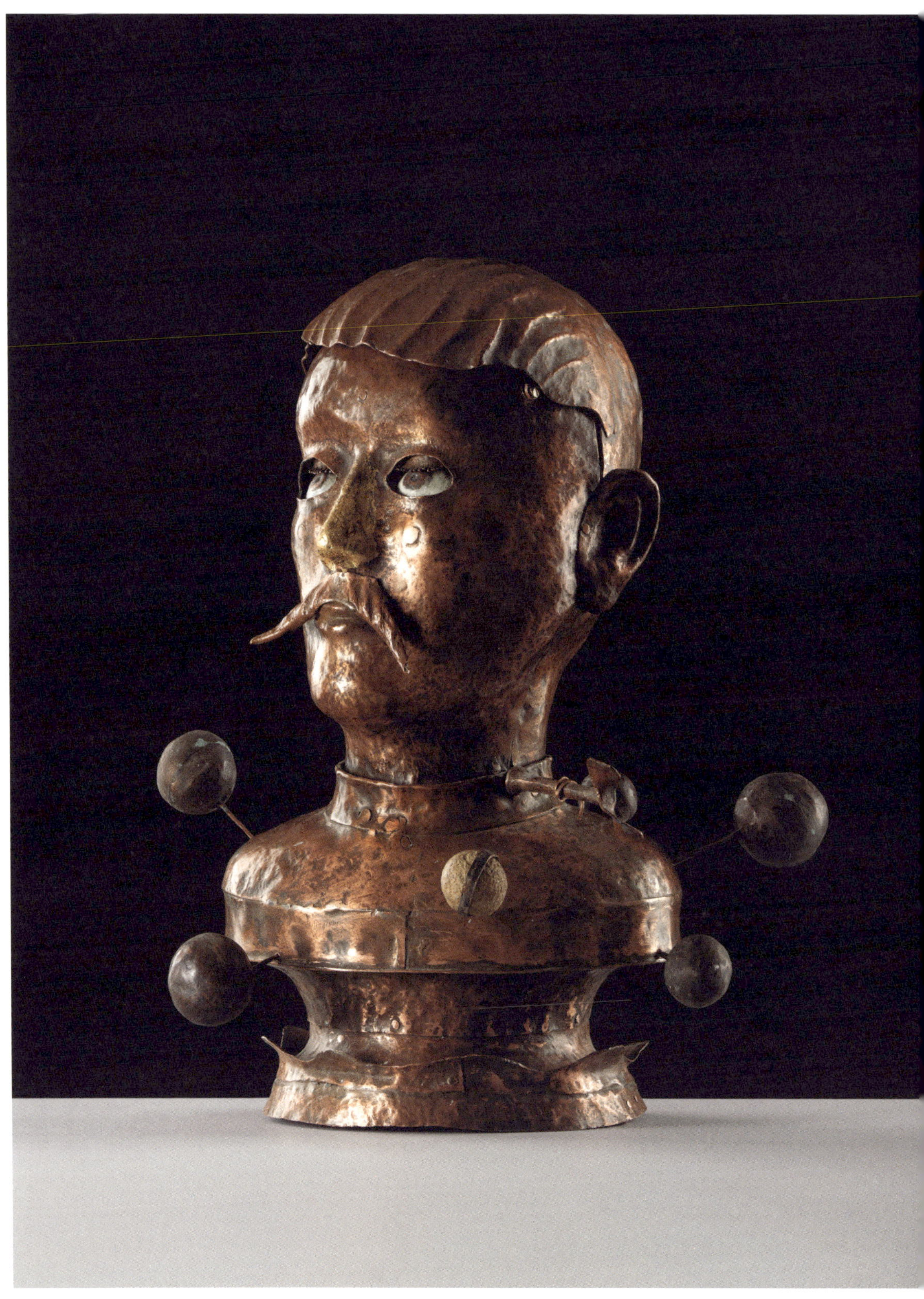

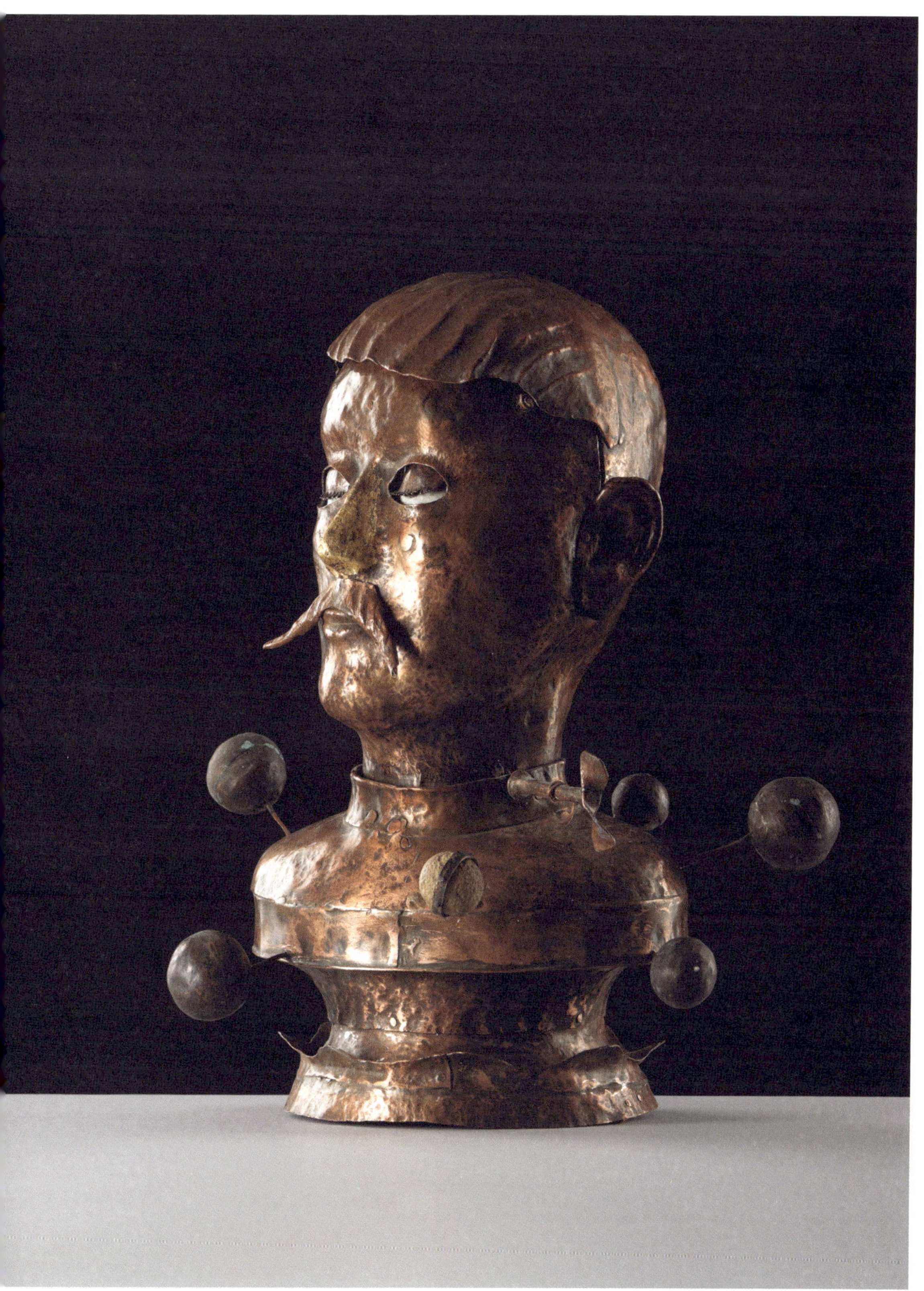

45

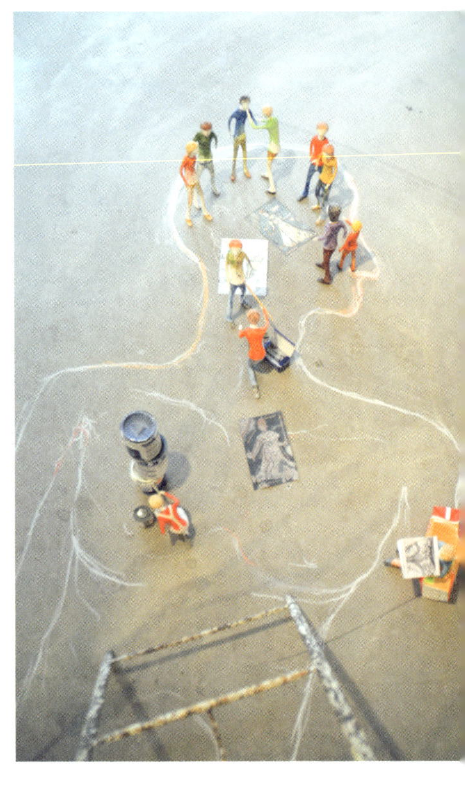

46

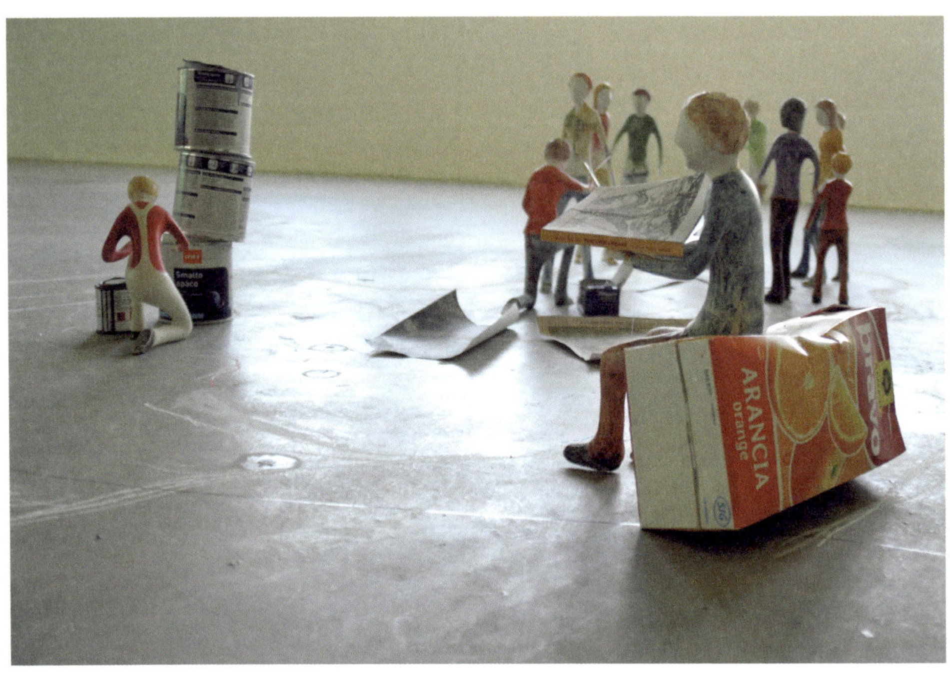

70

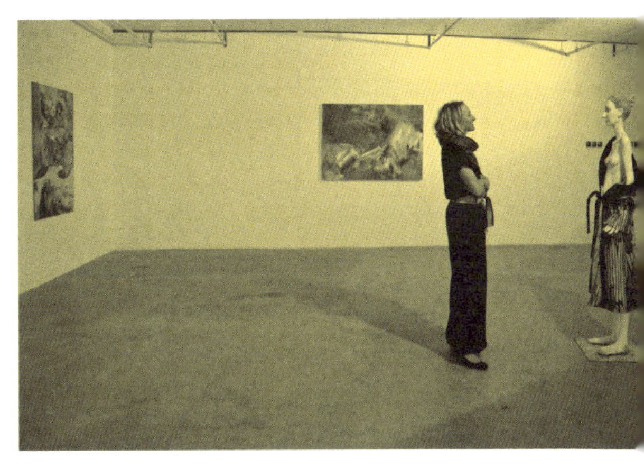

47

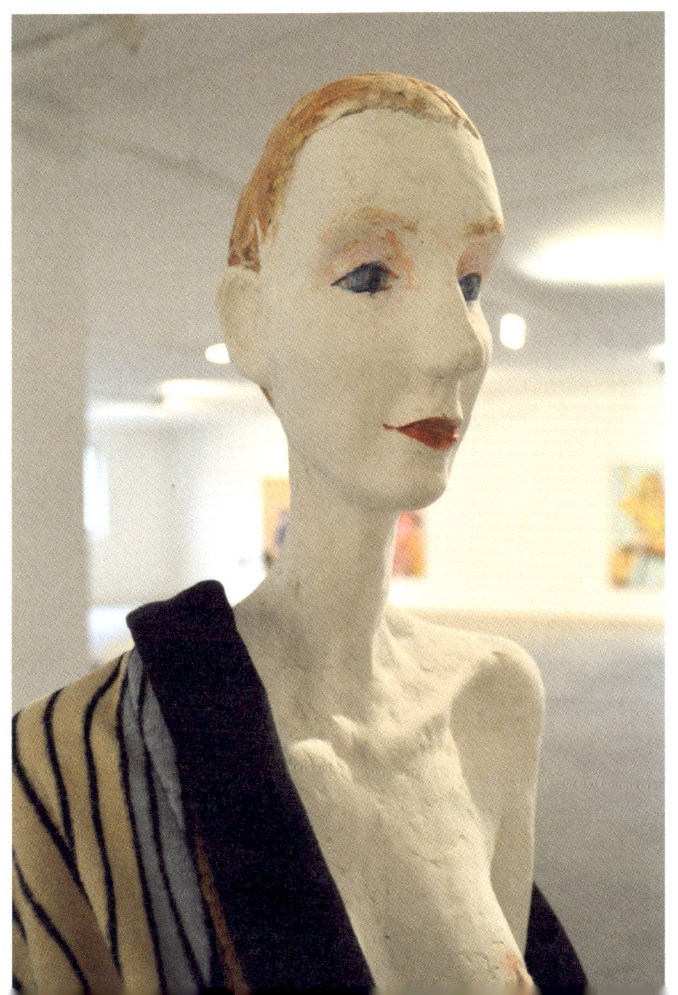

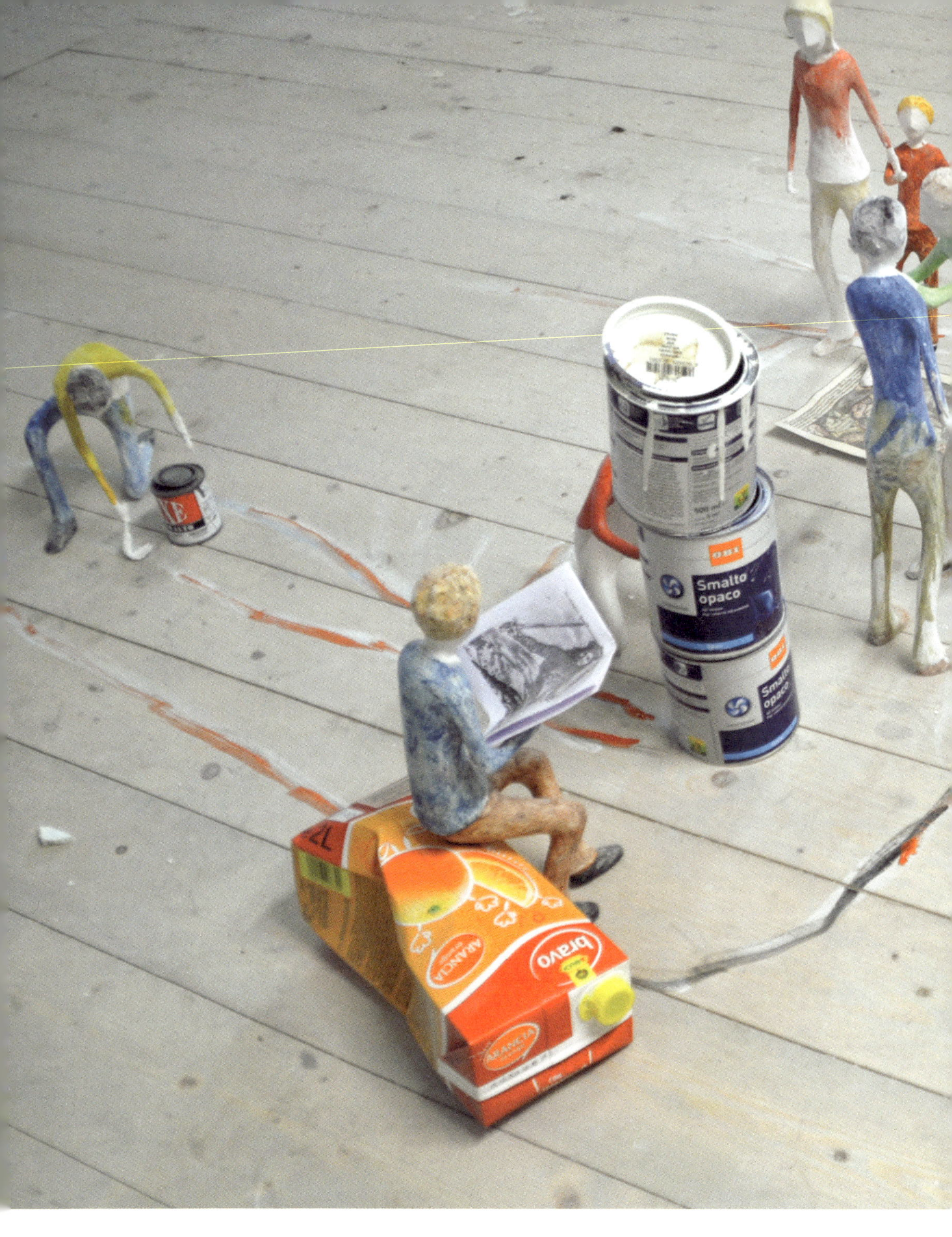

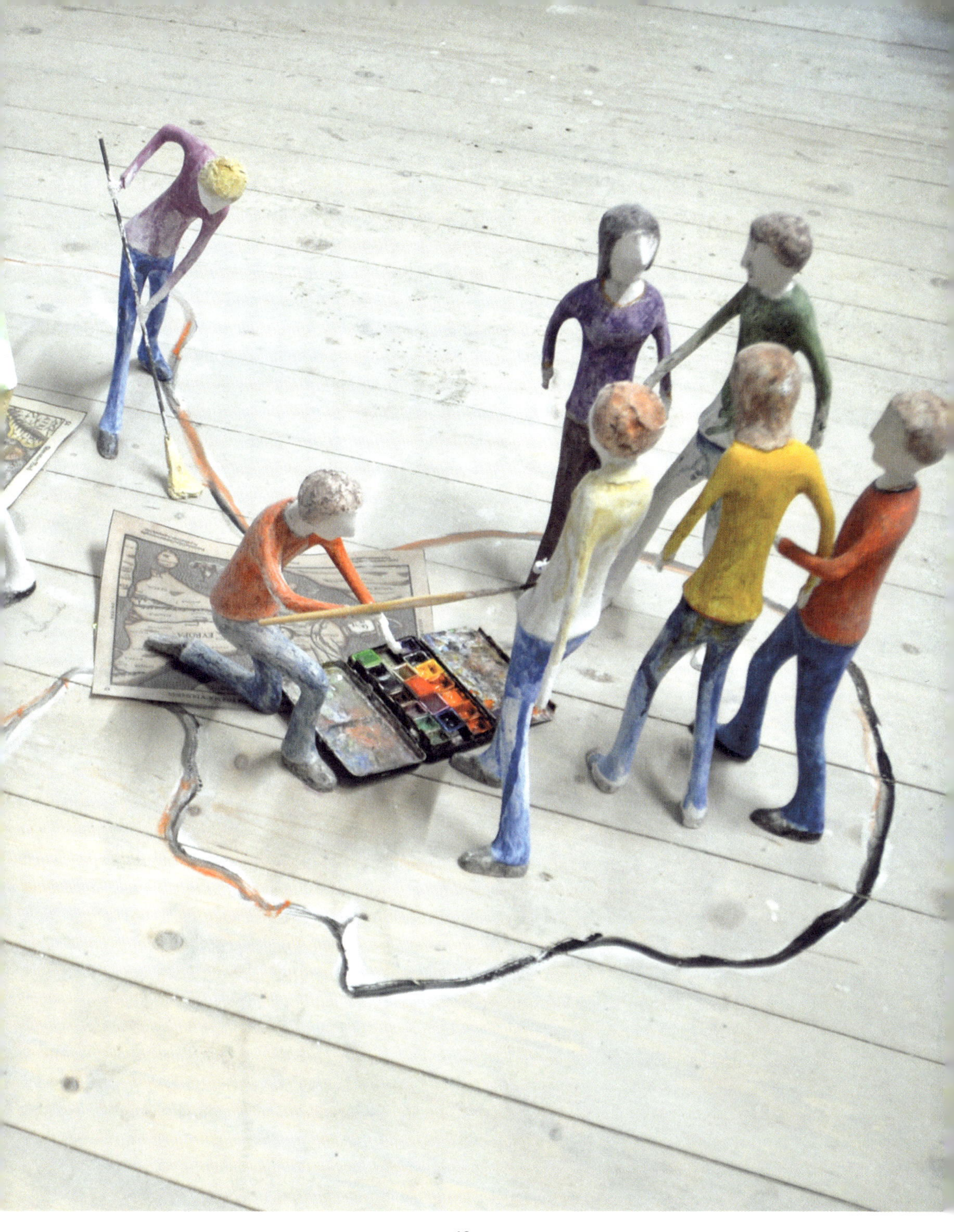

48

The Caption Problem (la voce del didascalo)

Emanuele Guidi in collaborazione con Elena Basteri

L'origine di questo testo è da rintracciarsi in un "problema", come dichiarato nel titolo stesso: il problema della didascalia, o più precisamente della sua assenza. Si tratta di una proposta per riflettere sulla mancanza dell'apparato che illustra e contestualizza il soggetto ritratto in un'immagine, lasciando quindi una fotografia – un documento – alla mercé dello sguardo o della possibile riscrittura. Una riflessione che già era emersa nel contesto della mostra di Gareth Kennedy *Die Unbequeme Wissenschaft* (ar/ge kunst, 2014) quando alcune fotografie ritrovate, grazie a Josef Rainer, in archivi privati in Sud Tirolo, sono emerse nella loro problematicità e fragilità proprio perché sprovviste di una descrizione che le accompagnasse. Altre immagini, rinvenute in pubblicazioni scientifiche, erano state pubblicate prive delle informazioni necessarie a comprendere il contesto in cui erano state prodotte e dunque volontariamente svuotate di quella ideologia che le aveva "commissionate". Senza entrare nel dettaglio del progetto di Kennedy che porterebbe ad affrontare altre questioni, ho voluto rintracciare in quell'episodio il momento in cui ho avuto modo di conoscere approfonditamente Josef Rainer, la sua disinteressata passione per la ricerca artistica e l'intransigente curiosità verso il suo territorio – quello sudtirolese. Caratteristiche che emergono in molte sue opere attraverso un gesto ricorrente di "riduzione della scala" che produce uno spostamento del punto di vista, alla ricerca di una prospettiva altra e obliqua rispetto alle macro-narrazioni e *storytelling* che accompagnano oggi il marketing della città contemporanea e del paesaggio; una deriva verso il microscopico, l'animale, l'infanzia come sguardi da recuperare e soprattutto come modi di leggere, come pratica attiva e produttiva (De Certeau), che creino uno spaesamento in una regione dove la narrazione intorno all'*Heimat* è difficilmente affrontabile in toni leggeri e tantomeno ironici. Josef Rainer sembra riuscire in questo. La sua pratica, nutrita dal fertile bacino di storie, leggende e miti offerto dal contesto culturale alpino, fornisce una chiave di lettura fiabesca delle attuali teorie che mettono in discussione la centralità dell'essere umano rispetto all'ambiente e alla conoscenza; si fa portatrice di questo *modus pensandi* sottraendo all'esclusivo dominio dell'uomo temi legati al lavoro, al paesaggio urbano e rurale, alla scrittura e alla oralità.

La proposta per questo testo parte anche dall'osservazione del progetto grafico di questo libro d'artista, dalla scelta di intrecciare le opere e la loro documentazione fotografica, secondo una logica soggettiva, senza bisogno di mediazione, racconto o giustificazione. Come scrive Paulus Rainer nella sua introduzione: *"This presentation of the artist's work comes along as a work of art in itself."* E in questi termini,

ho voluto accogliere e portare avanti la sua tesi:
*"And as such it can be added to, changed, and, above
all, interpreted in different ways – or in other words,
its very form allows it to be decoded, like the individual
works within it"*. Andando a costruire sull'assenza di
un vero e proprio apparato didascalico che illustri le
opere rappresentate, questo testo – scritto a quattro
mani con Elena Basteri – fa della didascalia il mezzo
e la forma della scrittura stessa, offre delle ipotesi di
legenda in cui far convergere riferimenti, bibliografie
e citazioni attraverso cui espandere il significato delle
opere stesse (o meglio della loro rappresentazione).
Non necessariamente suggerendo un'interpretazione
univoca e coerente ma al contrario inseguendo un
approccio polemico e contraddittorio, apparentemente
frammentato, attraverso quei campi semantici che Josef
Rainer compone soggettivamente alla ricerca di nuove
"sinergie".

Un'ultima nota riguarda la presenza dello scrittore e
poeta n.c. kaser (scritto abbreviato e in lettere minuscole
come apparentemente desiderava firmarsi), a cui
Josef Rainer ha dedicato una scultura nella piazza del
municipio di Brunico, e che ha inserito in questo libro
per ultima, quasi fosse una nota a piè di pagina che
permetta di chiarire un percorso compiuto. Una scultura
che sembra affrontare le questioni che riguardano la
narrazione della città e il ruolo dei monumenti, anch'essi
forme di scrittura per la città, interrogandosi sulla
legittimità di chi è eletto a simbolo della collettività.
Una statua a n.c. kaser fa emergere il paradosso del
monumento: celebrazione e fragilità coesistono nell'atto
stesso dell'"essere in pubblico". È *Kind des wetters*
(figlia del clima) come n.c. kaser ha descritto la sua terra
nella sua *Lied der Einfallslosigkeit* (Canto della povertà
di idee); è esposta agli agenti esterni – atmosferici,
politici, economici... – esposto alla rilettura, alla
riscrittura, alle commemorazioni e alle vandalizzazioni
che sono insite nella idea stessa di monumento e
spazio pubblico. Celebrare un poeta come n.c. kaser
significa dunque abbracciare l'anti-eroico e dare voce
all'alterità come Josef Rainer ha spesso fatto con le sue
sculture; significa cercare di mettersi nella posizione del
"didascalo" – etimologia della parola didascalia – che
nell'antico teatro greco era il secondo autore, raramente
riconosciuto, che dava voce al coro: contraltare,
alternativo e parallelo al testo del poeta ufficiale.

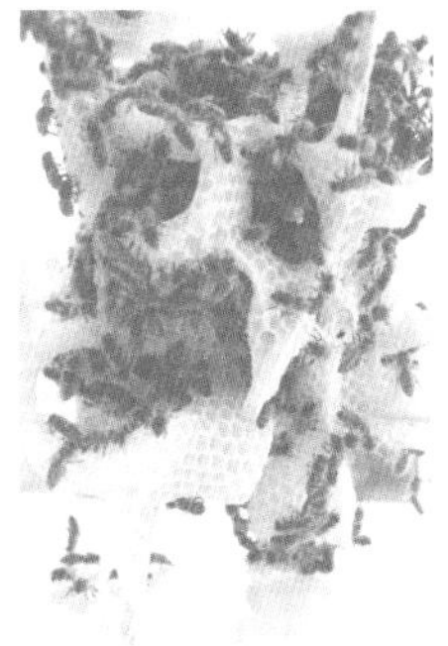

Propolis
Sostantivo femminile o maschile [dal lat. *propŏlis*, gr.
προπόλις, propr. «ingresso, dintorni d'una città», comp.
di προ- «avanti» e πόλις «città»]. – La derivazione greca,
"davanti alla città", suggerisce l'idea di difesa di un
habitat da pericoli dal mondo circostante. La Propolis,
infatti è utilizzata come barriera da agenti esterni nocivi.
Le api rivestono con la Propolis le arnie o le cavità in cui
hanno costruito il loro alveare e ne sigillano le fessure.
Sostanza resinosa, bruna, prodotta dalle gemme degli
alberi, che le api rielaborano e adoperano per chiudere
fori e interstizi dell'arnia, per attaccare i favi e verniciarli,
e per renderli immuni da attacchi di batteri e funghi. Già
nota agli Egizi, che la utilizzavano nell'imbalsamazione,
e ai Greci che l'adoperavano per accelerare la
cicatrizzazione delle ferite.
    Fonte: vocabolario Treccani

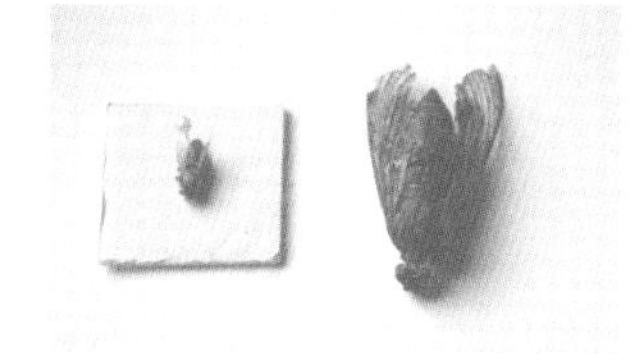

Sisterhood
*"No one had a clue until modern genetics that a hive is a
radical matriarchy and sisterhood: all bees, except the few
good-for-nothing drones, are female and sisters."*

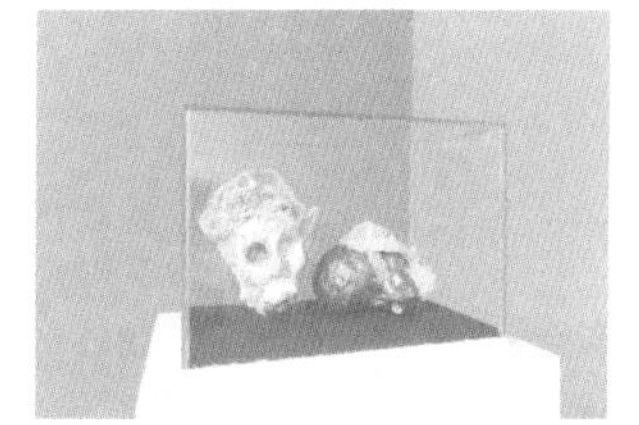

*"If she 'The Queen' could think, she would remember
that she is but a mere peasant girl, blood sister of the
very nurse bee instructed (by whom?) to select her
larva, an ordinary larva, and raise it on a diet of royal jelly,
transforming Cinderella into the queen. By what karma
is the larva for a princess chosen? And who chooses the
chooser?"*
    Kevin Kelly, *Out of Control: The New Biology of
    Machines, Social Systems, and the Economic World*,
    Basic Book, 1992

Memento mori
*"Respice post te! Hominem te esse memento! Memento
mori!" (Guarda dietro a te. Ricordati che sei un uomo.
Ricorda che devi morire!)*
    In Tertulliano, Apologeticus, capitolo 33.

Durante la parata che celebrava un trionfo militare, il
generale romano vincitore veniva affiancato da uno
schiavo incaricato di sussurragli questa frase all'orecchio
per impedire che fosse sopraffatto dalla superbia.

Opere da pagina 33 a 51, 70-74, 86-87

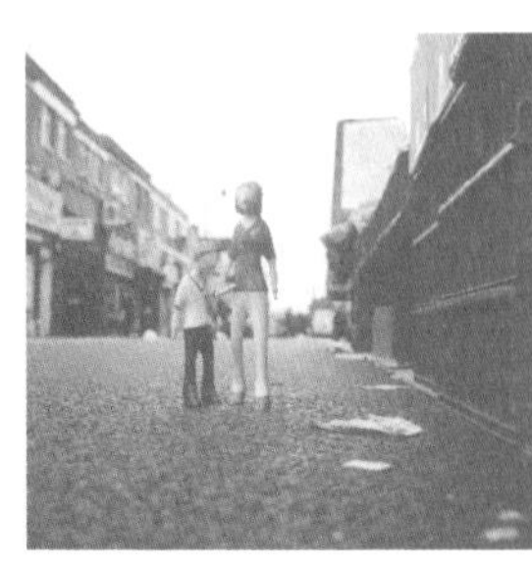

Scrittura e città
*"Per fare una deriva, andate in giro a piedi senza meta
od orario. Scegliete man mano il percorso non in base
a ciò che sapete, ma in base a ciò che vedete intorno.
Dovete essere straniati e guardare ogni cosa come se
fosse la prima volta. Un modo per agevolarlo è camminare
con passo cadenzato e sguardo leggermente inclinato
verso l'alto, in modo da portare al centro del campo
visivo l'architettura e lasciare il piano stradale al margine
inferiore della vista. Dovete percepire lo spazio come un
insieme unitario e lasciarvi attrarre dai particolari."*
  Guy Debord, *Théorie de la dérive*, in *Les Lèvres nues*,
  n. 9, novembre 1956, Bruxelles

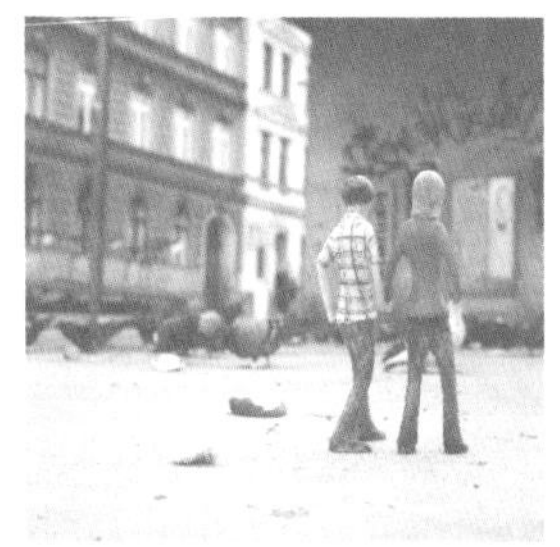

*"La lettura presenta al contrario tutti i tratti d'una
produzione silenziosa: un andare alla deriva attraverso
le pagine, una metamorfosi del testo mediante il vagare
dello sguardo, un'improvvisazione e un'attesa di significati
dedotti da alcune parole, uno sconfinamento degli spazi
scritti, una danza effimera..."* *"Un mondo diverso (quello
del lettore) s'introduce nello spazio dell'autore. Questa
mutazione rende il testo abitabile come un appartamento
in affitto. Trasforma la proprietà dell'altro in un luogo
occupato, per un momento, da un passante..."*... *"come
infine i pedoni, che infiorano le strade con i loro desideri e
i loro interessi".*
  Michel de Certeau, *L'invenzione del Quotidiano*, 1980

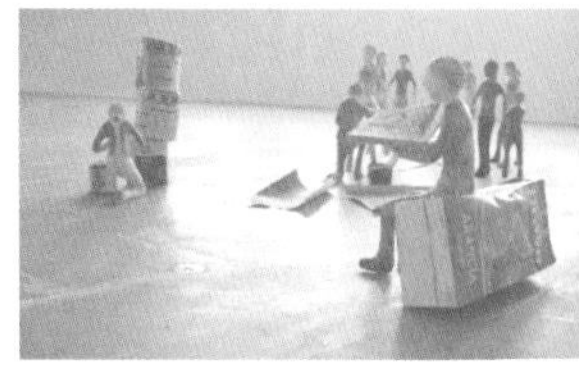

*"Potrei dirti di quanti gradini sono le vie fatte a scale, di
che sesto gli archi dei porticati, di quali lamine di zinco
sono ricoperti i tetti; ma so che già sarebbe come non dirti
nulla. Non di questo è fatta la città, ma di relazioni tra le
misure del suo spazio e gli avvenimenti del suo passato:
la distanza dal suolo d'un lampione e i piedi penzolanti
d'un usurpatore impiccato; il filo teso dal lampione alla
ringhiera di fronte e i festoni che impavesavano il percorso
del corteo nuziale della regina; l'altezza di quella ringhiera
e il salto dell'adultero che la scavalca all'alba... gli strappi
delle reti da pesca e i tre vecchi che seduti sul molo a
rammendare le reti si raccontano per la centesima volta la
storia della cannoniera dell'usurpatore, che si dice fosse
un figlio adulterino della regina, abbandonato in fasce lì
sul molo."*
  Italo Calvino, *La città e la memoria. 3.* In *Le città
  invisibili*, 1972

Ne travaillez jamais (Arbeit? Niemals / Non lavorate mai)
  Graffito di Guy Debord scritto su un muro in Rue de
  Sein, Parigi, 1953

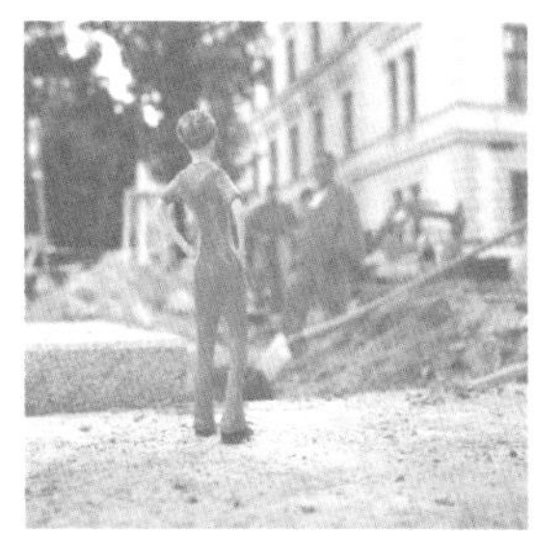

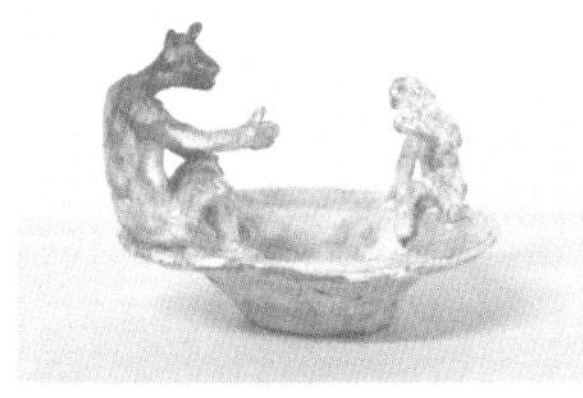

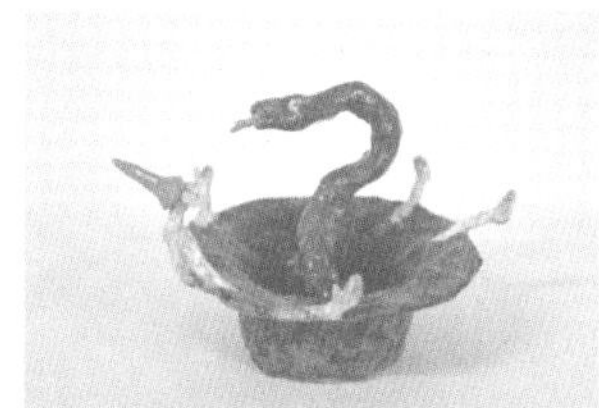

<u>Tierprozess</u>
Ab dem 14. bis ins 17. Jahrhundert gab es gerichtliche
Prozesse gegen Tiere, etwa gegen verwilderte
Schweine, die Kinder angegriffen hätten, Hunde,
Wölfe, Rinder oder Pferde, die sonst wie Schaden
anrichteten. Hintergründe solcher Auffassungen waren
unter anderen die europäische Rezession, verstärkte
Häretikerverfolgungen, Inquisition, Integrierung des
Offizialprozesses, Folter zur Wahrheitsfindung und die
Ausweitung der Leibesstrafen. Tiere konnten bei einer
Verurteilung gehenkt, verbrannt, ertränkt, erwürgt oder
lebendig begraben werden. Manchmal, wie in Bern 1478,
klagten die Bürger Maikäferlarven (Engerlinge) an und
die Insekten erhielten tatsächlich einen Fürsprecher,
der ihre Belange erklären sollte. Inwieweit man aber
tatsächlich dachte, die Tiere hätten Verständnis für
Anklage und Richterspruch, ist unklar.
    aus: https://de.wikipedia.org/wiki/Tierprozess.

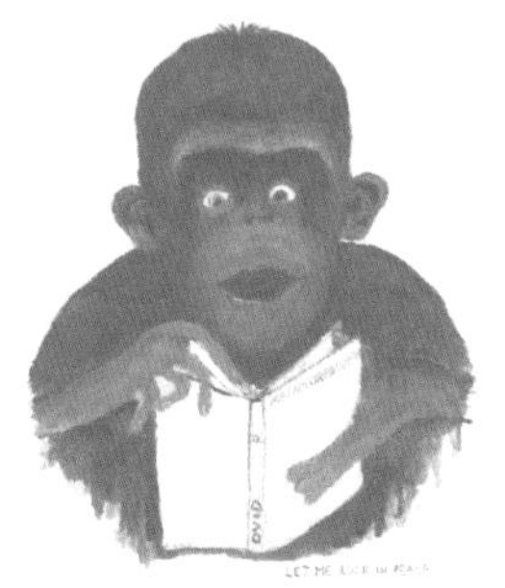

La scimmia perfetta

Le teorie sull'anatomia umana del medico greco Galeno (Pergamo in Asia Minore, 129 – Roma, 200) hanno fatto scuola fino al Rinascimento e alla pubblicazione del *De humani corporis fabrica* di Andrea Vesalio. Pur costituendo la maggiore fonte di conoscenza sull'anatomia umana esse si basavano in realtà sulla vivisezione di animali, in particolare di scimmie e scimpanzé. Non potendo infatti, per ragioni morali e religiose, vivisezionare corpi umani: *"Galeno dichiara all'inizio della sua opera Anatomicae Administrationes che l'oggetto della dissezione sarà la scimmia più simile all'uomo (scimmia perfetta, akribes pithekos). Galeno mostra di poter disporre di un numero considerevole di scimmie da sezionare. Tuttavia egli considera la possibilità che il suo lettore non disponga di scimmie, e perciò ammette l'uso di altri animali. In ciò Galeno seguiva la tradizione anatomica greca. Anche per Rufo la scimmia è l'animale più simile all'uomo; seguono gli animali dotati di dita, poi quelli a zoccolo fesso (ruminanti), e infine quelli a zoccolo intero (equidi)."*

> Ivan Garofalo, *Note filologiche sull'anatomia di Galeno*, 1994

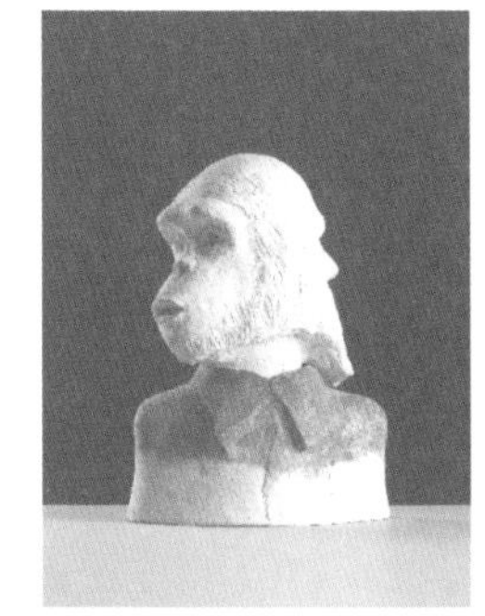

Ein ganz junger Hund

„Ich erinnere mich an einen Vorfall aus meiner Jugend, ich war damals in einer jener seligen, unerklärlichen Aufregungen, wie sie wohl jeder als Kind erlebt, ich war noch ein ganz junger Hund, alles gefiel mir, alles hatte Bezug zu mir, ich glaubte, daß große Dinge um mich vorgehen, deren Anführer ich sei, denen ich meine Stimme leihen müsse, Dinge, die elend am Boden liegenbleiben müßten, wenn ich nicht für sie lief, für sie meinen Körper schwenkte, nun, Phantasien der Kinder, die mit den Jahren sich verflüchtigen".

> Franz Kafka, *Forschungen eines Hundes*, 1922

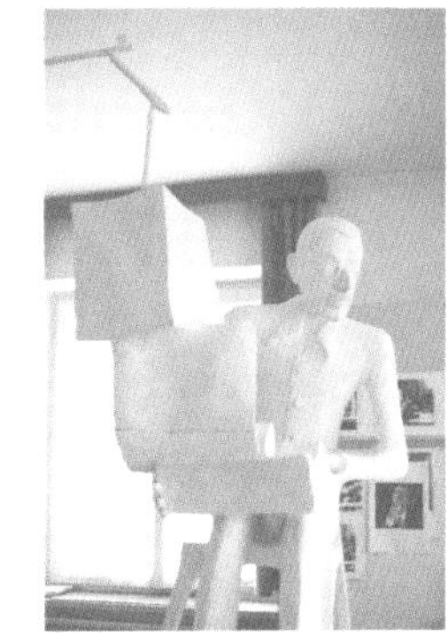

n.c. kaser
*"Due anni fa, d'agosto, seppellivamo nel cimitero di
Bruneck (Brunico) il dissidente sudtirolese Norbert
Conrad Kaser. Al suo funerale c'era molta gente: donne di
campagna, qualche frate cappuccino e diversi altri preti –
molti un po' strambi ed alcuni malvisti dalla gerarchia –
l'ipocrita sovrintendente scolastico Kofler e molti
compagni, artisti, buona parte del 'dissenso sudtirolese',
qualche sindacalista e qualche esponente di partito."*

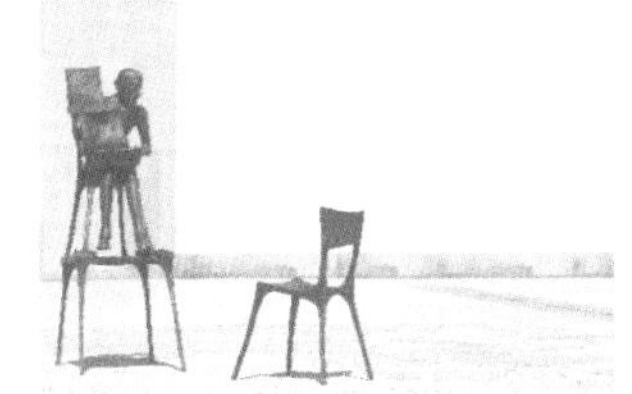

*"Quasi del tutto assenti, dal funerale di Norbert Conrad
Kaser, gli italiani ed i giovani: entrambi ignari della portata
e del significato della rottura che N. C. Kaser (come amava
abbreviarsi) aveva osato nel 1968-69, con la sua pubblica
accusa della non-cultura sudtirolese ufficiale, con la sua
feroce ironia contro una borghesia bottegaia ed un clero
oppressivo"* … *"Norbert era morto d'isolamento all'età di
31 anni: sempre più profondamente immerso nell'alcool e
nello sforzo estremo di scuotere, di comunicare qualcosa,
di graffiare. Non gli piacevano le avanguardie troppo
spinte: con le femministe di Bruneck aveva polemizzato
per una scritta irriverente sui muri della chiesa e nel 1976
si era iscritto, senza mai contrarvi nulla, nel PCI, quasi a
dimostrare che non voleva restare solo"* … *"Fu al funerale
di Norbert che decisi di tornare nel Sudtirolo, che non si
volevano altri morti, che bisognava fare qualcosa".*
    Alexander Langer, Funerale laico con Tedeum
    1.8.1980, Lotta Continua, agosto 1980

Macchine da scrivere (per la città)
L'8 Marzo 2019, Milano: la statua che rappresenta
Indro Montanelli seduto con la macchina da scrivere
appoggiata sulle ginocchia, opera di Vito Tongiani, viene
ricoperta di tinta rosa dalle attiviste del movimento Non
una di Meno. Un segno di protesta rispetto al passato
del giornalista che ai tempi della occupazione in Eritrea
aveva acquistato e avuto una relazione sessuale con
una bambina di 12 anni. Un passato mai rinnegato dal
giornalista stesso.

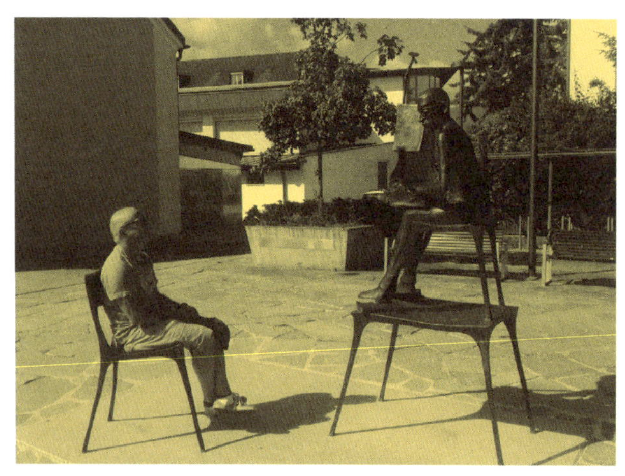

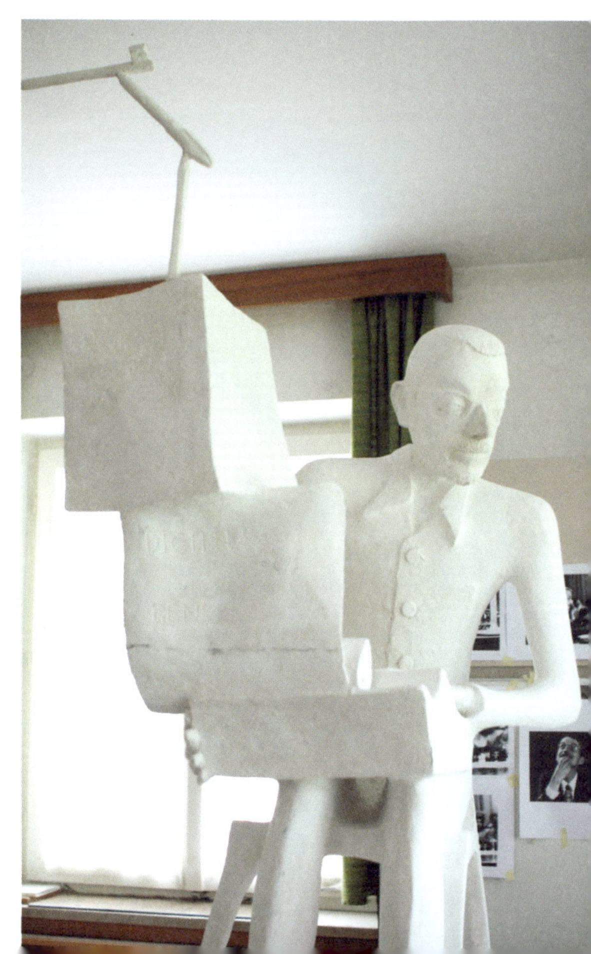

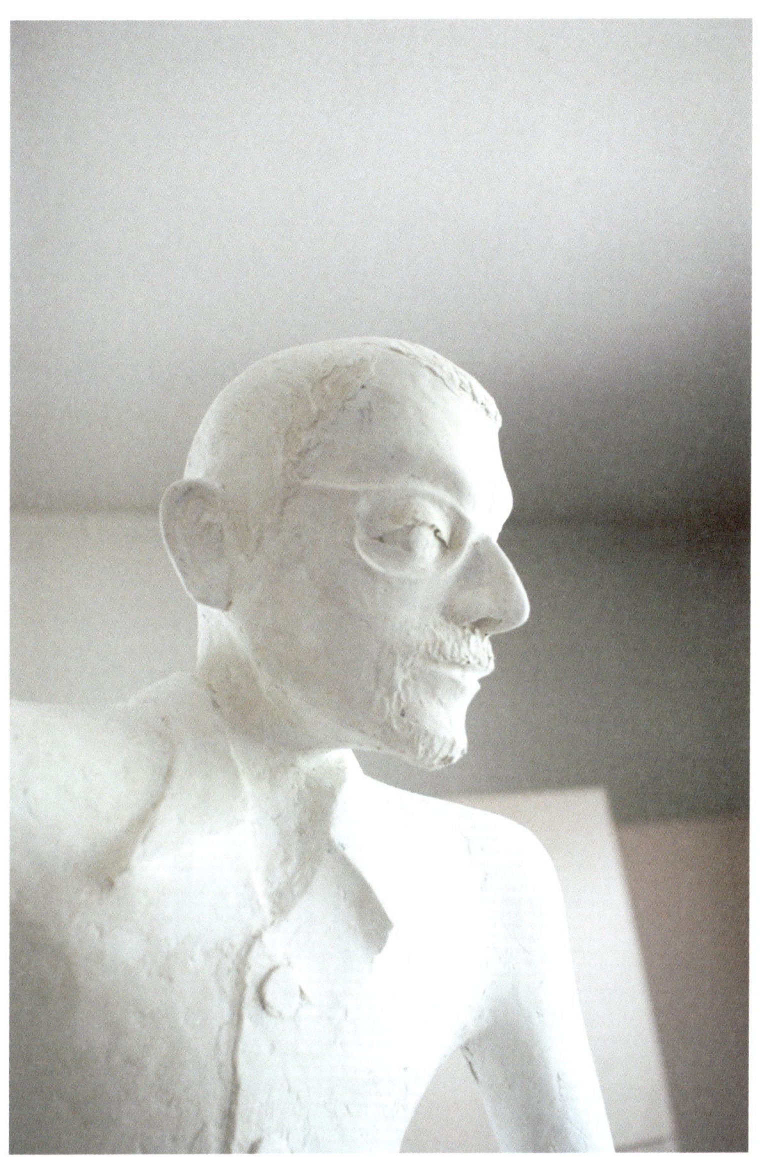

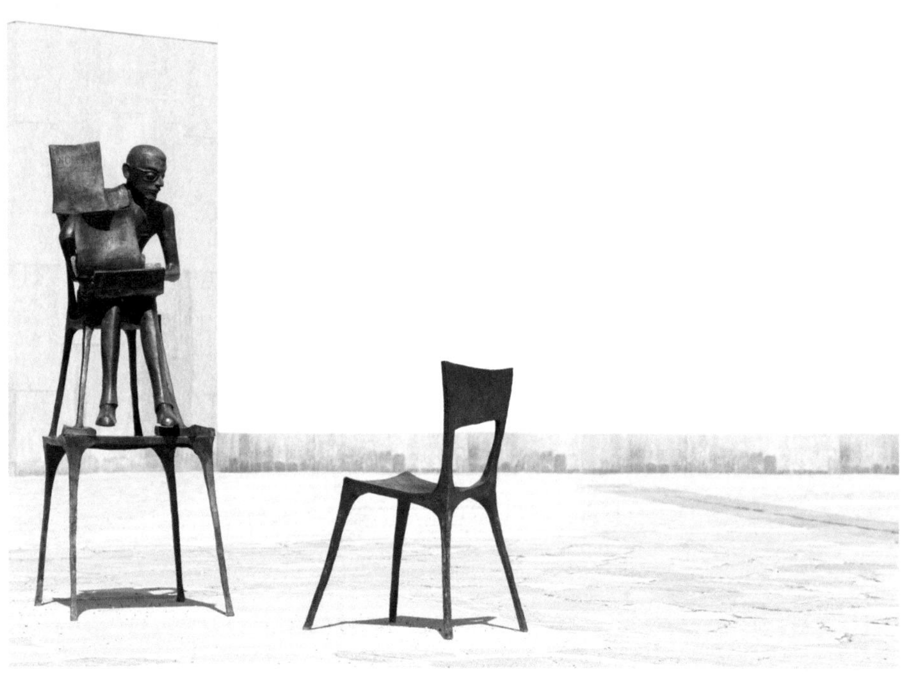

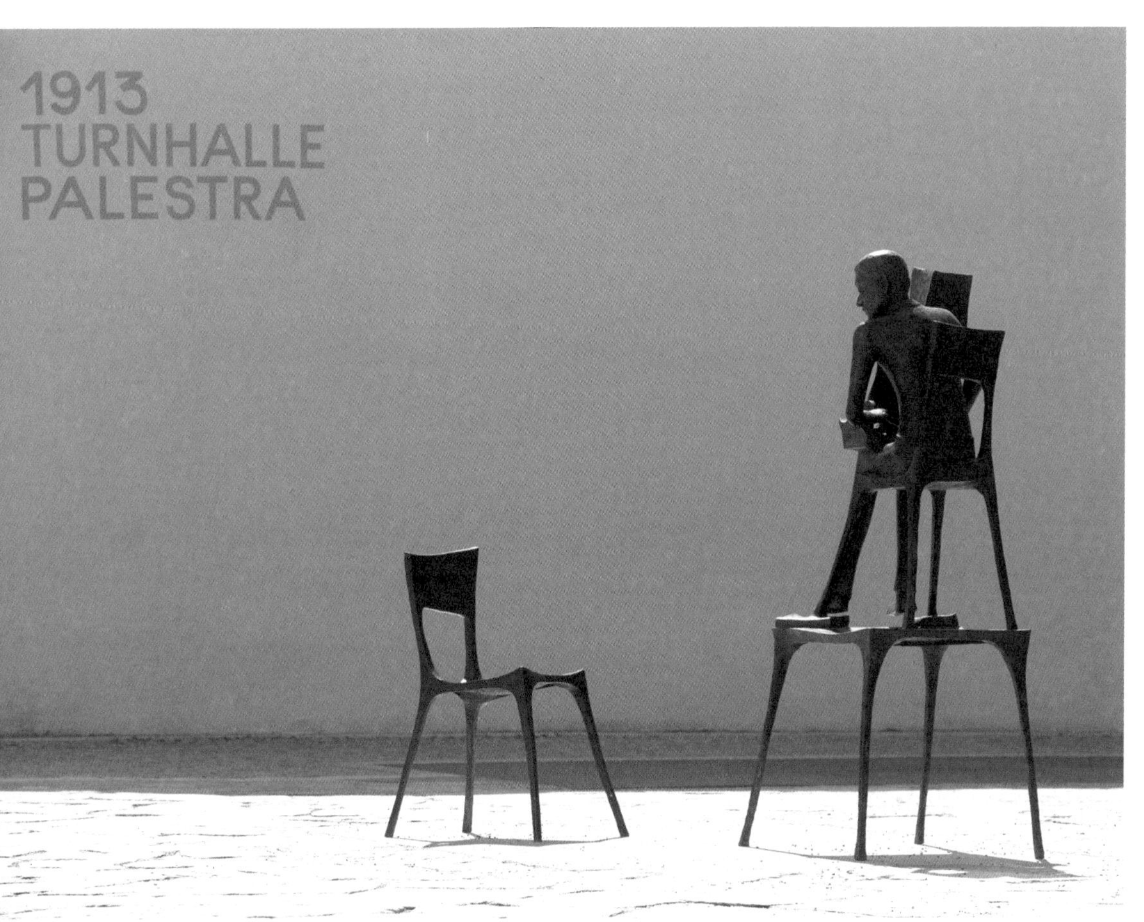

49

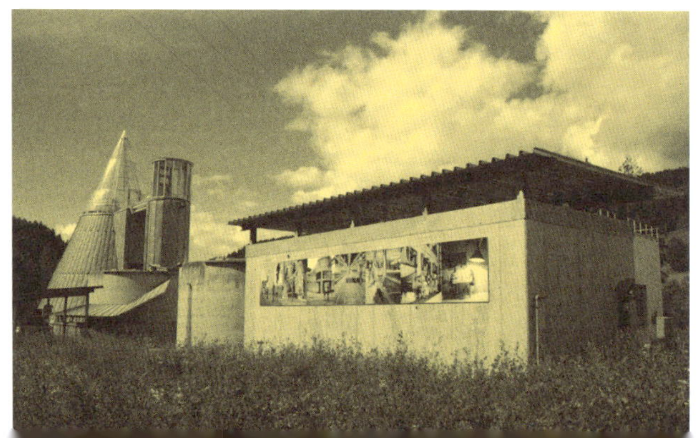

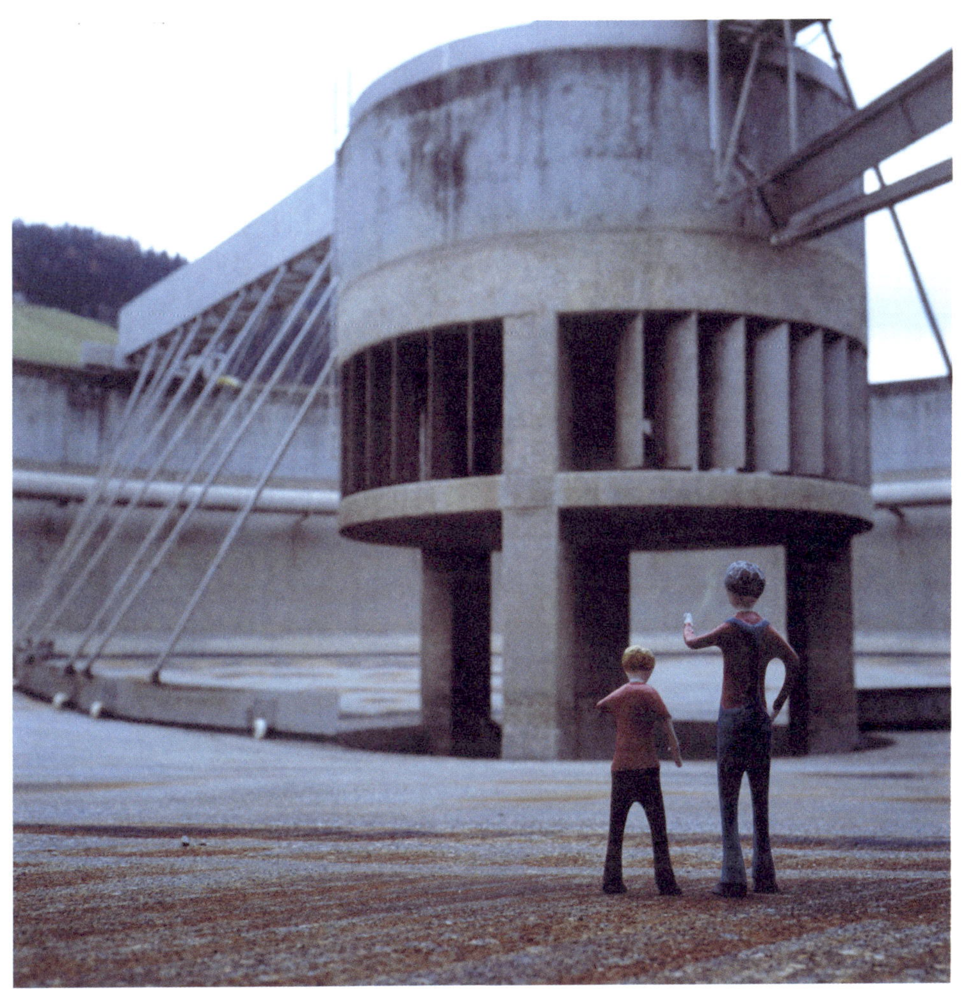

50

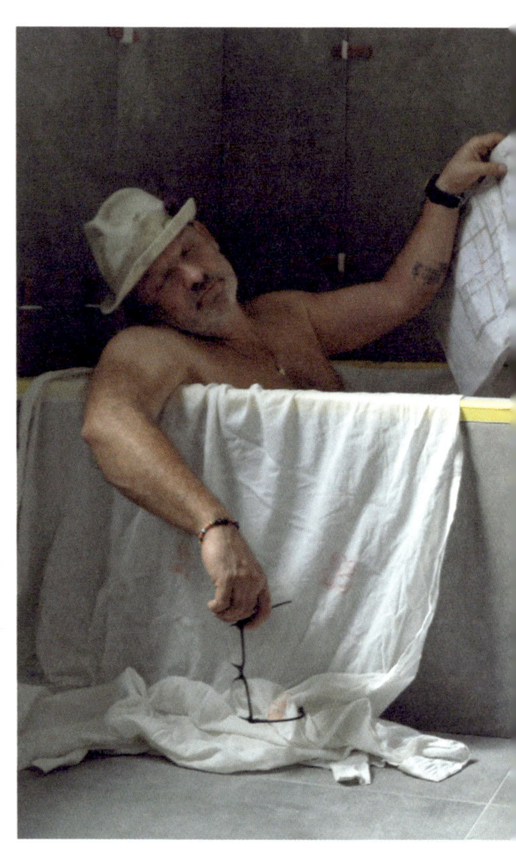

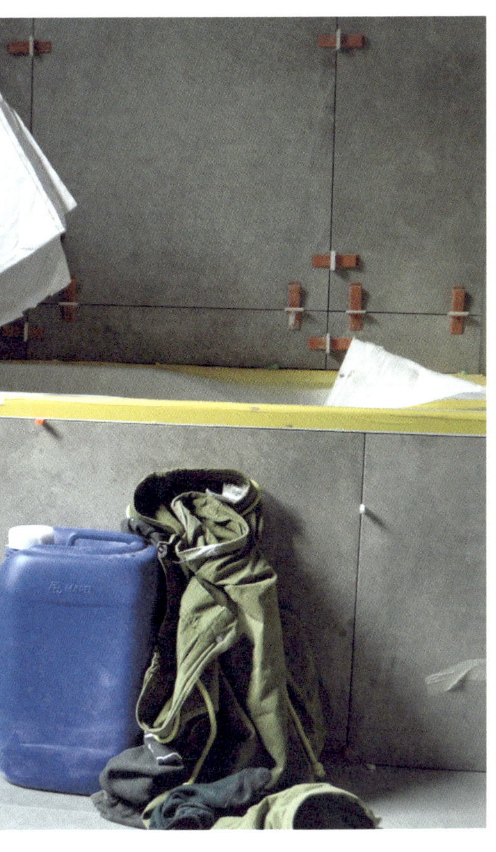

1. *Struktur Nr. 2* (making of)

2. *Struktur Nr. 2* (making of)

3. *Scull Nr. 3*
Glasguß, Bienenwachs, LED-Lampe, 20 × 15 × 20 cm,
2019

4. *Bee Queen and Death's Head Hawkmoth
(Bienenkönigin und Totenkopfschwärmer)*
Insekten, Propolis, 5 × 4 cm, 2019

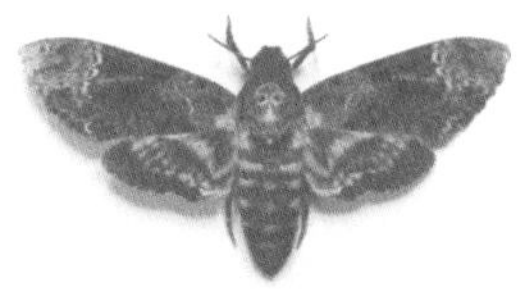

Der Totenkopfschwärmer (Acherontia atropos)
Dieser eindrucksvolle Wanderfalter fliegt mitunter von
seinem Verbreitungsgebiet in Nordafrika und dem Mittel-
meerraum bis nach Mittel- und Nordeuropa. Der süße
Duft der Bienenstöcke scheint einen unwiderstehlichen
Reiz auf ihn auszuüben. Um unentdeckt zu bleiben,
tarnt er sich mittels der Abgabe von chemischen
Substanzen (Pheromone), die dem Geruch der Bienen
ähnlich sind. Zusätzlich imitiert er die pfeifenden
Laute der Bienenkönigin. Ausgestattet mit doppelter
Tarnkappe kann er eine Zeitlang unbehelligt Nektar
naschen. Übertreibt der Schwärmer es jedoch, wird er
enttarnt und getötet. Der tote Falter passt nun nicht
mehr durch das Flugloch. Der tote Körper wird nun mit
einer Schicht Propolis mumifiziert und so als potentieller
Krankheitsherd ausgeschaltet.

5. *Scull Nr. 1 & 2*
Bronze, Gips, Bienenwachs, je 15 × 12 × 15 cm, 2016

6. *Die Wabe des Dädalus*
Fotografie, gerahmt, 50 × 40 cm, 2017, ed. of 3

7. *Die Goldwabe des Dädalus*
Feingold, Bienenwachs, Honig, 5 × 4 cm, 2017

8. *Struktur Nr. 1*
Bienenwachs, 23 × 15 × 20 cm, 2016

9. *Fenster (Window)*
Diaprojektor, Honigwabe, Fön, Drehbock, Schraubzwinge,
Grösse variabel, 2017

10. *Strukturen*
New Tradition, Bina, 14. Belgrade International
Architecture Week, Serbia

11. *Struktur Nr. 5 (Kathedrale)*
Holz, Bienenwachs, 30 × 20 × 20 cm, 2019

12. *Der See*
Fotopapier auf Aluminium, 100 × 100 cm, 2011, ed. 3

13 *In the Urban Djungle Nr. 2*
Fotopapier auf Aluminium, 50 × 50 cm, 2011, ed. 3

14. *Greenwich Foot Tunnel*
Fotopapier auf Aluminium, 100 × 100 cm, 2008, ed. 3

15. *The Safe Nr. 1*
Fotopapier auf Aluminium, 100 × 100 cm, 2007, ed. 1

16. *Escape Nr. 1*
Fotopapier auf Aluminium, 100 × 100 cm, 2005, ed. 3

17. *Melone*
Fotopapier auf Aluminium, 50 × 50 cm, 2010, ed. of 3

18. *Prince Albert*
Fotopapier auf Aluminium, 100 × 100 cm, 2010, ed. 3

19. *Chinatown Nr. 1*
Fotopapier auf Aluminium, 100 × 100 cm, 2009, ed. 3

20. *Leather Lane Market*
Fotopapier auf Aluminium, 100 × 100 cm, 2009, ed. 3

21. *Petticoat Lane Market*
Fotopapier auf Aluminium, 100 × 100 cm, 2009, ed. 3

22. *Chinatown Nr. 2*
Fotopapier auf Aluminium, 100 × 100 cm, 2015, ed. 3

23. *Little Big Boy*
Fotopapier auf Aluminium, 100 × 100 cm, 2015, ed. 3

24. *Chapel Market*
Fotopapier auf Aluminium, 100 × 100 cm, 2009, ed. 3

25. *Tauben am Yppenplatz*
Fotopapier auf Aluminium, 100 × 100 cm, 2017, ed. 3

26. *Bürgerstraße*
Fotopapier auf Aluminium, 100 × 100 cm, 2004, ed. 3

27. *Arbeit, nein danke, Nr. 4*
Fotopapier auf Aluminium, 100 × 100 cm, 2016, ed. 3

28. *Arbeit, nein danke, Nr. 5*
Fotopapier auf Aluminium, 100 × 100 cm, 2016, ed. 3

29. *New Pub*
Fotopapier auf Aluminium, 100 × 100 cm, 2017, ed. 3

30. *Minotaurus Talking*
Keramik, ø 12 cm, 2019

31. *The Artist and the Model*
Keramik, ø 18 cm, 2019

32. *Klein-Josef bestaunt ein Werk von N. Brancusi*
Keramik, ø 16 cm, 2019

33. *The Non-Figurtive Sculpture*
Keramik, ø 17 cm, 2019

34. *The Red Snake*
Keramik, ø 20 cm, 2019

35. *The Big Step*
Keramik, ø 19 cm, 2019

36. *Leviathan*
Keramik, ø 19 cm, 2019

37. *Ein kleiner Schritt für mich, ein …*
Keramik, ø 15 cm, 2019

38. *The Painter*
Keramik, ø 15 cm, 2019

39. *Ovid – Metamorphosen*
Acryl auf Leinwand, 70 × 50 cm, 2017

40. *Alexandre Dumas – Le Comte de Monte-Christo*
Acryl auf Leinwand, 70 × 50 cm, 2017

41. *Franz Kafka – Forschungen eines Hundes*
Acryl auf Leinwand, 70 × 50 cm, 2017

42. *Dante Alighieri – La divina commedia*
Acryl auf Leinwand, 70 × 50 cm, 2017

43. *Charles Darwin and the Ape*
Gips, bemalt, Motor, 2019

44. *Petrus Gonsalvus*
Gips, bemalt, Motor, 2017

45. *Tyho Brahe oder das egozentrische Weltbild*
Kupferblech, getrieben, Blattgold, Bezoar (Magenstein),
Moqui Marble (lebender Stein), 2019

46. *Staatskörper*
Kunsthalle West, Lana, 2019

47. *Das Modell*
Kunsthalle West, Lana, 2019

48. *Staatskörper*
Atelier Brixen, 2019

49. *n.c. kaser*
Bronze, Beton, Rathausplatz Bruneck, 2018

50. *Kläranlagen*
Digitaldruck auf Aluminium, 100 × 700 cm, fünf
verschiedene Standorte (Kläranlagen) im Pustertal,
Südtirol

Fotonachweis

Fotostudio Jürgen Eheim
S. 24, 25, 60, 61, 62, 63, 64, 65, 66,
67, 68, 69, 84, 85

Paulus Rainer
S. 38

Beatrix Winkler
S. 82, 88

Alle übrigen Fotos
Josef Rainer

Biografien

Josef Rainer lebt und arbeitet in Brixen.
Er studierte Bildhauerei an der Akademie
der bildenden Künste in München, gewann
verschiedene Stipendien und Arbeits-
aufenthalte, z.B. für London (2008), Dufftown
(2003) und Wien (2001/2 und 2010).
2019 wurde er Hgv-Künstler des Jahres.

Ausstellungen (Auswahl)

New Tradition, Bina, Belgrade
International Architecture
Week, Serbia
Beta Timisoara, Architecture
Biennal, Romania
*Neuaufstellung der
Kunstkammer*, Schloss Ambras,
Innsbruck
*Der Bien oder die Wabe des
Dädalus*, Galerie Erwin Seppi,
Meran
Aktenzeichen Kunst,
Alessandro Casciaro, Bozen
*Die wundersame Vermehrung
des Loretoschatzes
oder die Frage nach
den Zusammenhängen*,
Stadtmuseum Klausen
Von denen die auszogen,
Galerie Prisma, Bozen
Tirol-München, Ferdinandeum
Innsbruck
Biennale Alessandria
Playstation, Kunsthaus Meran
Casa Robegan, Treviso
Glocal, tra periferia e centro,
Centro Candiani, Venezia
Urban Paths, ShillianSmith3
Gallery, London
Percorsi urbani, Galleria
Sottopasso della Stua, Padova
Metropolis, ar/ge Kunst Bozen

Veröffentlichungen

Josef Rainer, 2003
mit Textbeiträgen von Sigrid
Hauser und Marion Piffer
Damiani

Percorsi Urbani, 2005
in Zusammenarbeit mit
dem Centro nazionale
di Fotografia, Padova,
mit Textbeiträgen von
Enrico Gusella und Bettina
Schlorhaufer

Sacco und Vanzetti, 2008
Graphic Novel mit Vorwort von
Martin Hanni

*Das Leben des Benvenuto
Cellini und der Diebstahl der
Saliera*, 2012
Graphic Novel mit Vorwort von
Sabine Haag

Synapsen – dreidimensional,
2016
mit Textbeiträgen von Paulus
Rainer und Hans Holländer

Paulus Rainer wurde 1972 in Brixen/Südtirol geboren. Nach dem
Studium der Kunstgeschichte in Innsbruck und Wien arbeitete er als
wissenschaftlicher Mitarbeiter in Museen in Wien (MAK, Museum
für angewandte Kunst, Kunsthistorisches Museum Wien). Derzeit
ist er Kurator in der Kunstkammer und der Schatzkammer des
Kunsthistorischen Museums Wien.

G. H. H. Geboren in Stuttgart. Lebt und arbeitet in Berlin. Dr. phil. im
Fach Kunstgeschichte (Bonn 1995, mit einer Arbeit über Wilhelm
Lehmbruck). Veröffentlichungen: *Der eine Sohn*. Roman (2019, mit
einem Werkstipendium des Deutschen Literaturfonds). *Frühe Neuzeit*.
Gedichte (2014). *Geschichten aus dem Adlerhof* (2012). *Gedichte in zwei
Sprachen* (2010). Lektor am Kunsthistorischen Institut der Universität
Wien (2004–2006).

Emanuele Guidi (1978, Carrara. Vive a Berlino) è autore e curatore. Dopo
aver conseguito una laurea in ingegneria meccanica presso l'Università
di Pisa (2003) e l'European Diploma for Cultural Project Management
con l'Association Marcel Hicter pour la Démocratie Culturelle (2007), ha
curato numerose mostre, progetti e pubblicazioni in collaborazione con
istituzioni, festival e gallerie in Europa. Dal 2013 è direttore artistico di
ar/ge kunst, *Kunstverein* di Bolzano.

Elena Basteri (1978, Viareggio. Vive a Berlino) è autrice, curatrice
e drammaturga nel campo della danza contemporanea e della
performance. Ha studiato scienze politiche a Pisa, Granada e Dublino
e *Tanzwissenschaft* a Berlino. Al momento collabora con la coreografa
Isabelle Schad in diversi progetti e con il *Tanzbüro* di Berlino per cui
insegna drammaturgia della danza.

Synergien versteht sich als Fortsetzung der Publikation
Synapsen. Einige Gedanken und Ideen, welche im Buch
Synapsen angestoßen wurden, sind in diesem Buch als Werk
zu sehen. Hierfür gilt mein Dank Hans und Barbara Holländer,
welche meine Arbeit nicht nur eingeordnet haben, sondern auch
neue Wege aufgezeigt und beinahe eingefordert haben.
Dasselbe gilt für meine Partnerin Beatrix, welche mich stets
herausfordert und meistens in ihrer Kritik recht hat.
Paulus Rainer schafft es Gedanken und Ideen mit seinem
großem Wissen zu unterfüttern und scheinbar Gegensätzliches
sinnvoll miteinander zu verknüpfen. So verbinden sich einzelne,
vielleicht solitäre *Synapsen* und *Synergien* können entstehen.

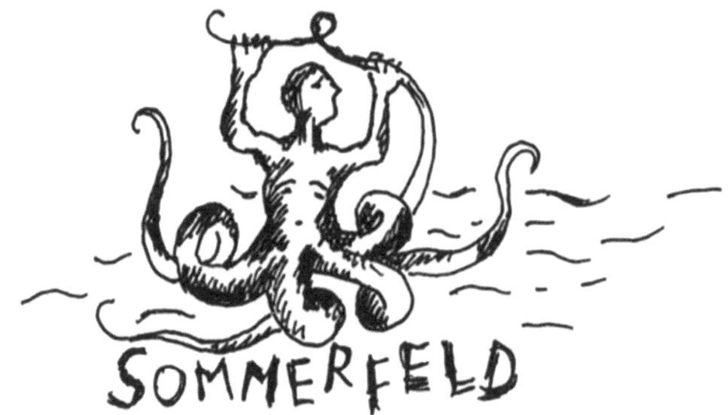

Mit der freundlichen Unterstützung von

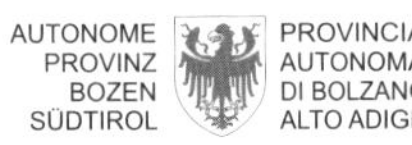

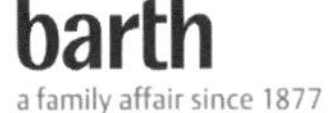

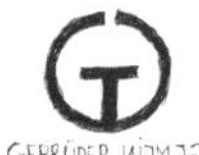

stayinart